阅读成就思想……

Read to Achieve

儲ける仕組みをつくる
フレームワークの教科書

这才是生意人的
赚钱思维

[日] 川上昌直（Masanao Kawakami）◎ 著
范婷婷 段克勤 ◎ 译

中国人民大学出版社
· 北京 ·

图书在版编目（CIP）数据

这才是生意人的赚钱思维 /（日）川上昌直著；范婷婷，段克勤译. -- 北京：中国人民大学出版社，2023.6
 ISBN 978-7-300-31638-3

Ⅰ．①这… Ⅱ．①川… ②范… ③段… Ⅲ．①商业模式－研究 Ⅳ．①F71

中国国家版本馆CIP数据核字(2023)第066500号

这才是生意人的赚钱思维

［日］川上昌直（Masanao Kawakami） 著
范婷婷　段克勤　译
ZHE CAISHI SHENGYIREN DE ZHUANQIAN SIWEI

出版发行	中国人民大学出版社		
社　　址	北京中关村大街31号	邮政编码	100080
电　　话	010-62511242（总编室）		010-62511770（质管部）
	010-82501766（邮购部）		010-62514148（门市部）
	010-62515195（发行公司）		010-62515275（盗版举报）
网　　址	http://www.crup.com.cn		
经　　销	新华书店		
印　　刷	天津中印联印务有限公司		
开　　本	890 mm×1240 mm　1/32	版　次	2023年6月第1版
印　　张	7　插页1	印　次	2023年6月第1次印刷
字　　数	126 000	定　价	59.00元

版权所有　　　侵权必究　　　印装差错　　　负责调换

前言
Preface

商业模式 = 盈利机制

冒昧问一下，你知道美味棒吗？就是那种10日元[①]一根，在便利店就能买到的儿童零食。因为是畅销产品，想必很多人都知道。

那么，请思考一下如何把一根美味棒卖到100日元。如果成功的话，每投入10日元的成本就会得到90日元的回报，收益率为900%。你可能会想到很多种方法，但最简单的方法就是把美味棒卖给那些从来没有买过它的顾客。

先说结论，我提议：不再将美味棒当作单纯的小零食，而是赋予它另外的商业价值，让富裕阶层的成年人也愿意为它买单。

---

① 1日元≈0.0513人民币。——译者注

具体做法是将美味棒粉碎后包装在时尚的袋子里，将其作为凯撒沙拉（Caesar salad）的配料在高级超市出售。

就像克尔顿（crouton，一种凯撒沙拉的配料）那样，美味棒作为配料大概可以卖到150日元。这样一来，价值100日元的美味棒做成沙拉配料后，成本仅有150日元的70%，就具有相当的价格竞争力，并且作为一种沙拉的时尚新吃法，可以预料到一定会畅销。

当然，这里面没有计算包装袋等成本，但如果大量进货的话，单支美味棒的成本也会降低，所以获得900%的收益率绝对不是遥远的梦想。

上述方案绝不是纸上谈兵。实际上，零食制造商正在做类似的事情。

这种令人惊讶又耳目一新的方案可以说是一种右脑型思维，即在左思右想得不出结论的情况下突然灵机一动，创造性地提出一个方案。

我们都知道，商业经营需要的是在提出令人振奋的方案的同时，能够冷静地判断该方案是否能够产生利润，这便是左脑型思维。

企业的目的是让客户（社会）满意，同时创造利润。然而，在许多公司，让客户满意这一目的是由销售部门或产品开发部门负责的，创造利润是由财务部门负责的。这种常见的部门划分方式限制了商业人士的思维方式。

盈利机制不是由右脑（客户满意度）或左脑（利润）单独产生的，而是需要二者兼顾才会产生。也就是说，盈利机制是在热情（右脑）和冷静（左脑）之间来回切换，反复思量才能产生的最终成果。

在思考这些问题的同时，我们还面临其他问题，即关于商业操作流程的问题。实现成功的商业模式需要怎样的步骤？自己能否独立完成？这些具体的操作流程也是实现目标的必经之路。

也就是说，在打造商业模式时，除了热情和冷静之外，还必须考虑一些实际操作的问题。

将这三点结合起来就形成了商业模式。换句话说，商业模式是**"一个既能满足客户，同时又能产生利润的可持续运作系统"**，简单地说就是盈利机制。

我们将开头介绍的美味棒作为商业模式的要素整理分析如下：

目标客户是"富裕阶层的家庭主妇"，向她们提议并宣传"沙拉新吃法"的价值，并将该价值以"比竞争产品（如克尔顿）低30%的价格"出售。

利润方面，我们要考虑是产品本身就能产生足够的利润，还是需要和其他产品组合才能提高收益率。在实际操作方面，我们要考虑和谁合作才能做出与克尔顿类似的产品，公司能否仅仅依靠自身力量就能把产品输送到高端超市等问题，这些现实问题需要我们逐个思考解决。

回答最优商业模式框架的九个问题

如上所述，**创建盈利机制需要考虑到顾客满意度、利润以及推动商业发展的具体操作步骤**——这一系列问题光是在脑中想一想，就需要做出无数抉择。

看到这里，那些苦思冥想、致力于打造商业模式的商业人士也许会感到束手无策，不知道从哪里开始思考，以及如何思考。

作为企业经营管理学家，我一直潜心研究商业模式，并将研究成果归纳总结为九个问题（简称"九问"），即构筑或改革商业模式时必须回答的九个问题，同时将其作为最优商业模式的框架提出来。这九个问题也是本书的主题。

当然，"九问"并不是单纯的纸上谈兵。10年来，我们和真正的经营者、一线人员一起运用该框架对商业模式进行了改革。

不管是经营广为人知产品的大企业还是中小企业、政府机构等，不论其规模和行业类型，通过使用九问框架而戏剧性地提高利润的案例比比皆是。

本书将尽可能通俗易懂地向大家介绍这种实用的商业模式构筑方法。

这九个问题并不难，也许各位读者心中也能够隐约回答出来。但是这种"隐约"的不确定感却会破坏框架中重要的连贯性。

九问的背后各有逻辑。简单来说，这也是思考其答案时的诀窍。希望大家能够通过阅读本书掌握这些诀窍。

并且，要想切实地向盈利机制靠近，还需要我们把所有问题的回答组合起来，编成一个完整的故事，而不是单独地理解、运用这九个回答。

故事就是指内在联结。本书**按照逻辑（诀窍）回答九个问题，设定出场人物（构成要素），并将其内在联结（故事性情节）以图示的形式展示出来，最终让大家打造出一个最优盈利模式**——这就是我们的最终目标。

摆脱单纯的利益陷阱

该商业模式框架还有一个特点，即可以借助它摆脱单纯的利益陷阱。

"只要生产出让世界震惊的优质产品，就能创造利润。""只要努力，收益就随之而来。"真的是这样吗？即使是能代表日本的大企业，也会因固守这种想法而最终退出经营多年的商业舞台或陷入破产的境地。

说到底，**单凭产品或服务本身就能达到期望收益率（利润）的企业可谓凤毛麟角**。如今新兴的风险企业往往能出其不意，化劣为优，创造出了"免费+增值服务"（Freemium）、"订阅"（Subscription），甚至是"剃刀和刀片模式"（Razor-Razorblade Mode）等盈利方式（或收费模式），迅速并彻底地改变了市场结构。

这些收费模式就像某种常见的关键词一样从我们面前一晃而过。然而，只要仔细观察，你就能看出其中的"以损盈利""某个部分赚钱，某个部分不赚钱"等盈利设计理念。

这既是商业的本质，也是跳出"单靠产品就能获利"这种僵化思维的幻想，进而创造新的商业模式的关键。

综上所述，从如何创造利润这一点反向思考顾客价值方案，正是本书介绍的最优商业模式框架的新颖之处。仅仅从"顾客的视点"出发，尚未完成商业模式改革的诸位读者，请一定要实践一下本书介绍的理念。

最优商业模式框架的使用说明

本书将介绍能够实现盈利机制的最优商业模式框架。

处于以下情形的人将能够更好地利用本书：①计划打造自己的商业模式，但不知如何预先准备；②现有的商业模式无法盈利，但不知从哪里着手改善。

这些人包括处于创业阶段的人士，或是在企业多元化经营（开展新业务）时被任命为新公司、新业务的负责人，还包括事业暂时起飞了，但没有如愿盈利，或者是创业已有一段时间了，外部环境的变化要过渡到下一个阶段，抑或是被委以该重任的人。

一直以来，我接受了来自以上这些人的大量咨询。

不管企业规模如何，本书面向的都是那些具有"不进则退，激流勇进"的强烈意向的读者。他们不墨守成规，勇于大刀阔斧地开辟新事业并改革现有商业模式。本书将为他们送上最优的商业模式准则。

现在就开启让你的商业、事业、公司以及你自身都变得更加强大的旅程吧。

目录 Contents

第一部分　为何不盈利的商业模式如此之多

01 顾客至上才会获得真正的盈利 // 3
　　即使我们意识到了改革的重要性…… // 3
　　明确意识到盈利的目的 // 4

02 商业模式不盈利的三个原因 // 6
　　应该决策的事迟迟没有定论 // 6
　　各个决策之间缺乏内在统一性 // 7
　　现有盈利机制陈旧过时 // 9

03 盈利机制的重中之重——顾客的待办任务 // 11

第二部分　构筑盈利机制的框架

04 | **九问框架的内在逻辑** // 17
　　将优秀经营者的思维模式提炼为实用的利器 // 17
　　九问框架的构成法则 // 20
　　掌握填满"九问"九宫格的思考方法 // 20

05 | **通过案例研习如何创建优秀的盈利机制** // 22
　　失败案例：未能完成"九问"九宫格 // 22
　　失败案例的原因1：没能整体把握商业模式全貌 // 24
　　失败案例的原因2：构成要素未衔接成一个完整的故事 // 26
　　成功案例：汉堡店的完美计划 // 29
　　创作故事的法则 // 33

06 | **利用"九问"九宫格实现扭亏为盈** // 39
　　改变盈利方式并改换合作对象 // 39
　　改变价值方案并调整盈利方式 // 42

07 | **活用"九问"九宫格实现产品热销** // 46
　　依靠新价值方案，锐步EASYTONE大获成功 // 46
　　改变商业模式后，废弃的滑雪场复活了 // 50

第三部分　提出顾客价值方案

08 | 为有各种待办任务的顾客提出不同的解决方案 // 57

智能手机 vs 3D 电视，哪个更受欢迎 // 57

超出支付金额的实惠感才是顾客价值 // 59

产品或服务的价值是由买方决定的 // 60

选定我们的目标顾客 // 61

九问①：谁——你的顾客是哪些有待办任务的人群 // 62

九问②：什么——为顾客提供什么样的解决方案 // 70

九问③：怎么做——如何提出顾客价值方案 // 85

09 | 创建顾客价值的思维导图 // 94

第四部分　设计盈利方式

10 | 从多种盈利方式中找出规律 // 103

为什么有的盈利方式不赚钱 // 103

盈利方式并非只有一种 // 104

九问④：谁——从谁那里盈利 // 108

九问⑤：什么——用哪种产品盈利 // 112

九问⑥：怎么做——在什么时机盈利 // 119

3

11 | 用正确的方法创建盈利方式 // 128

确认盈利方式的逻辑 // 128

对当下流行的盈利模式的解释和说明 // 130

将顾客活动链和盈利方式结合起来进行考虑 // 131

第五部分 构筑实际操作过程

12 | 自己操作还是与外部合作 // 139

制订的方案是否能够顺利实施 // 139

在实际操作过程中找出优势 // 140

九问⑦：怎么做——实际操作是怎样的 // 140

九问⑧：什么——在实际操作步骤中我们擅长什么 // 150

九问⑨：谁——与谁合作 // 163

13 | 正确的实际操作构建方法 // 165

实际操作与顾客的活动链同步 // 165

实际操作与盈利方式同步 // 168

第六部分 设计整个盈利机制

14 | 整个盈利机制设计的原则 // 175

确认创建整个盈利机制步骤 // 175

九问框架中无法回答的项目就是突破点 // 177

经常重新审视部分和整体 // 177

15 | 创建商业模式的铁的法则 // 179

将规模小、缺乏资源作为优势 // 179

从顾客价值方案入手 // 181

杜绝产品售空模式，扩大服务范围 // 181

自己不要承担所有业务 // 183

16 | 保证顾客价值、利润、实际操作的前后连贯性 // 184

顾客的活动链是基础 // 184

通过宣传要点获取利润 // 187

商业模式的创建没有终点 // 188

第七部分　企业案例分析

17 | 通过创新让商业模式起死回生 // 195

以百科全书方式来盈利的迪亚哥公司 // 195

从产品转向服务收费 PTP 株式会社 SPIDER // 199

"社交游戏"盈利方式的变革 // 204

なぜ、儲からないビジネスが多いのか？

第一部分
为何不盈利的商业模式如此之多

01

顾客至上才会获得真正的盈利

即使我们意识到了改革的重要性……

经济依旧不景气。然而,即便如此,公司也不能把整个大环境下的经济萧条作为放弃努力的借口。无论是制造业还是零售业,大企业还是中小企业,都必须适应当下的经济环境,创立、维持并发展盈利机制。

为实现这个目标,无论是开创新的商业模式还是改善、更新现有的商业模式,其关键词都是改革。

然而,即使我们能够意识到改革的重要性,也很难找到商业模式改革的具体方法,并且不知道其优劣判断标准。即使想改革,也不知道需要坚持什么、规避什么,不知道该从哪里入手。例如,是从顾客、员工、与客户之间的关系还是从改善成本着手改革?或者现有商业模式本身已经落后了?

无论是创造新的商业模式,还是改善现有的商业模式,如果不明白改革的目标和方法以及改革的具体顺序步骤,我们就不可能在商业上取得成功。

明确意识到盈利的目的

那么，让我们回到商业模式的根本理论，思考企业为什么必须盈利。

企业要盈利是为了能够凭借自己的力量持续满足顾客的需求，使顾客满意。并且，为了开发更有价值的、更具挑战性的产品，企业需要以利润为动力才能完成一系列商业活动。

想要生产出一款能够震惊世界的创新产品，仅仅依靠金融机构融资（资本筹集）是不可能实现的。最理想的情况是经营者根据自己的情况，花一些力所能及的费用，并将其付诸实践。

毋庸置疑，对于企业来说，盈利（即获利）是商业经营的成果。公司以"持续为社会提供价值"为目的从事经营活动，更简单地说，是"持续满足顾客的需求"。公司通过从事经营活动获得利润，有了利润，才能将商业活动继续进行下去。

反过来，不能盈利的企业将无法继续进行商业活动，即使它们提供的产品或服务能让顾客满意，这也不是企业生存的长久之道。为避免这种情况，即为了"持续为社会提供价值"这个目的，企业必须创造利润。也就是说，企业必须以盈利为目的而进行一系列商业活动。

那么，企业如何才能盈利呢？

盈利本身就是要认真为顾客着想，因为给公司带来财富的就是顾客。即使公司本身资金实力并不雄厚，但只要提供顾客想要的商业模式，资金就会流入公司。

因此，真正的盈利至上主义换句话说就是顾客至上主义。**成功商业模式的精髓在于将视线聚焦于向顾客推荐、提供有价值的产品和如何获得利润，并将二者结合起来，像马车的两个轮子一样保持平衡，从而保证公司的平稳发展。**

本书所说的盈利是指持续盈利，为此，满足顾客是不可或缺的。但是，即使能够理解盈利的重要性和正当性，创建盈利机制也并非易事。

那么，怎样才能创造出新的盈利机制，或持续发展现有的机制呢？答案就在本书的主题——九问之中。

在说明九问到底是什么，以及为什么有效运用九问就能打造出成功的盈利机制之前，让我们一起来探讨一下什么是不盈利的商业模式。

02

商业模式不盈利的三个原因

应该决策的事迟迟没有定论

商业模式无法盈利的原因大多是在开展事业之时没能对本该做出决策的事给出定论。

当我们灵机一动,想到新的商机,准备将其写成具体的商业规划方案并付诸实践之际,或董事长命令我们必须改革现有的商业模式之际,**我们需要考虑将哪些要素进行怎样的整合才能进入执行阶段。而这些要素应该是决定好的。**如果这些要素迟迟没有定论,就无法顺利形成盈利机制。

那么,为了改革现有的商业模式,创造盈利机制,我们到底必须要考虑多少问题呢?如果按逻辑思考,在没有遗漏和重复(MECE[①])的情况下,打造成功的商业模式要提炼出

[①] 即 mutually exclusive collectively exhaustive,一般指 MECE 分析法,意为"相互独立,完全穷尽"。也就是对于一个重大的议题,能够做到不重叠、不遗漏地分类,而且能够借此有效把握问题的核心,并解决问题的方法。——译者注

多少需要进行决策的问题呢？

遗憾的是，很少有人能告诉我们这些问题的答案。但是，如果需要决策的问题迟迟没有定论，那可以说这个商业模式在计划阶段就存在先天性不足。如果到执行阶段意识到就为时太晚了，这笔生意以失败告终的概率也会大大增加。

此外，需要决策的问题过多也是一个问题。由于案头工作繁重，在商业计划阶段就会思虑过度，花费时间过长，产品在投入市场之前可能就已经过时了。

在商业活动中，速度就是生命。重复以及数量过多的决策都会带来不良后果。

各个决策之间缺乏内在统一性

即使已经将应该决策的事都列了出来，商业活动在计划阶段仍可能会出现大问题。即每一个决策都是独立存在的，只被当作单纯的待办事项处理，没有形成一个整体，缺乏连贯性和统一性。

商业模式的实践是由一系列的"决策"组成的。每个错误决策都会形成致命伤。正是由于每个决策都是在这样的紧张感中诞生的，因此就需要有某种依据作为我们的判断标准。

如果没有判断标准，那么对于具体某个课题或者主题的决策也就只是停留在"部分"阶段，只能形成"局部的最佳决策"。但就算对每个"部分"的独立决策都是正确的，从商业整体来看却失去了内部的统一性。

例如，假设我们要打造一家全新风格的牛肉盖浇饭饭店。首先，在食材方面，由于最近日式料亭使用价格高昂的高级食材制作日式拉面，售价达到1万日元一碗并一炮走红，因此，我们决定参照日式料亭，首先精选最高级的松阪牛肉、淡路岛的洋葱以及鱼沼产的越光大米等，使用最高级的食材制作最美味的牛肉盖浇饭，每碗售价2000日元。其次，在店铺室内设计方面，由于最近站立式餐厅大受欢迎，因此采用站立式餐厅设计。这样顾客的翻台速度也会加快，店铺的效率也会提高。

这样一来，对每碗平均价格为300日元左右的牛肉盖浇饭市场来说，2000日元的高级牛肉盖浇饭或许会令人耳目一新、吸引大众的眼球。因此单看牛肉盖浇饭的话，这款产品是个亮点。并且，我们结合了最近的流行趋势，采用了站立式餐厅设计，单从店铺设计这一方面来看，或许这也是个正确的选择。

但是，从整个商业模式来看，让顾客站着吃一碗价格高达2000日元的高级牛肉盖浇饭会产生怎样的效果呢？恐怕这只会给人一种荒谬的印象。

在这件事上，不管是对产品（高级牛肉盖浇饭）的决策，还是对店铺设计（站立式餐厅）的决策，单独来看都自有道理。但从整体来看，不得不说这两个决策失去了平衡，缺乏内在统一性。

也就是说，正如该案例所示，**随机摘取成功案例中的某一单个部分，并不假思索地将其拼接起来的做法是不可取的。**

或许诸位也学习了经营、创业、市场营销等相关知识，但苦于没有成果。在这种情况下，与其增加决策的数量或者提高决策质量，不如试着均衡决策，保证其内在统一性，或许会意外而轻松地突破某个瓶颈。

综上所述，与其拼接不同成功案例的某个部分，达到"局部最优"，不如保证各部分之间达到最佳平衡，实现"整体最优"。**也就是说，每个决策之间的内在统一性不容忽视。**

现有盈利机制陈旧过时

无论多么优秀的商业模式，想保持永久持续盈利也是极为困难的。随着时间的推移，再好的商业模式也会因为得不到客户的支持而无法盈利，甚至无法生存下去。

日本中小企业厅公布的公司破产原因统计数据表明，七成以上的公司是由于销售业绩不佳才破产的。销售业绩不佳也就直接意味着现有盈利机制陈旧过时了。

也就是说，除了保证决策的质量以及决策的内在统一性以外，**我们还必须观察思考现有的商业模式、打造的产品是否和当前社会环境相匹配，要保证不落后于同环境中的竞争对手，同时能更好地服务于当前社会环境中的顾客。**

我们需要时常警醒自己"现有的商业模式是否过时"，必要时还应该再一次分析现有的商业模式。

03

盈利机制的重中之重——顾客的待办任务

在进入第二部分之前,我想先介绍创建盈利机制时必须思考的一个重点。

在商业世界中,人们经常会讨论"去寻找顾客的需求""顾客的需求是什么"等话题。但是,在构建盈利机制时,我们需要考虑的重点不是顾客需求,而是顾客的待办任务。

"待办任务" 理论是以创新研究闻名的哈佛大学教授克莱顿·M.克里斯坦森(Clayton M. Christensen)在其一系列著作中提及的概念。原文为"jobs to be done",直译的话就是"要去做的事情"。它是由市场营销大师西奥多·勒维特(Theodore Levitt)教授最先提出的。

克里斯坦森教授说:

顾客不是在购买产品,而是在某种情况下,为了"雇用"产品来处理自己的待办任务。并且,当现有产品不能处理顾客的待办任务时，无法忍受的顾客就会"雇用"其他产品来处理自己的待办任务。

这句话完美地概括了顾客购买产品或服务的理由。

也就是说，人们购买产品或服务时，多数情况下并不是因为想要这个产品——想要只是一种误解——而是因为顾客想解决某件待处理的事情，作为解决方法"雇用"了产品而已。

例如，自动贩卖机里120日元的矿泉水是为了完成解渴这一任务而被"雇用"的。因为最能妥善完成解渴任务的产品是矿泉水，所以顾客才愿意花费120日元雇用它。不管是奢侈品还是家电，也都是同样的道理。也就是说顾客待办任务是产生顾客需求的根源。

需求是指对物品的需要。但如果没有完成某项任务的需要，自然也就不需要物品了。

比如，对钻孔机的需求是从"简单地完成钻孔"这个待办任务中产生的；对胶原蛋白的需求是从"皮肤变好被人称赞"这个期待完成的事情中产生的；去美容院做发型的需求在成年礼（每年1月第二个星期一）这一天达到顶峰，这是因为做发型的需求也是从"让久别重逢的朋友看到自己美丽的样子""穿着盛装美美地拍照"这些待完成的事情中产生的。

也就是说，需求只是展现出来的结果，真正产生需求的是顾客的待办任务。顾客为了完成某项事情而去寻找方法，才产生了需求。

然而，如果忽视这一点，以需求为基准进行产品开发和设计的话，就容易把重心放在现有的流行产品上，只能开发与之相似的产品，使视野缩小，最终甚至可能生产出市场不需要的产品。

虽然短期内流行产品有大卖的可能性，但需求市场很快就会饱和。因为大家都在想着生产同样的东西，并将其推向市场。最后，商家提供的产品数量（供给）就会追上市场需要的数量（需求）。这样诞生出来的产品基本上大同小异，那么同质化也就不可避免了。

也就是说，根据某项需求来分析开发产品就无法实现产品的差异化。公司是为了实现差异化才去分析市场的某个需求，但偏偏因为分析了市场需求才导致了产品的同质化，这是多么讽刺啊！

那么，为何又必须从需求出发来设计产品呢？

简单来说，这是由于要用与其他公司不同的方法来解决顾客的待办任务。既然如此，比起通过市场上的结果来寻找需求，彻底坚持以待办任务的视角来分析市场需求才是上策。

因此，**分析需求本该是指分析（顾客）待办任务**。在构建盈利机制时，这个视角是重中之重，请大家一定牢记。本书也会在第三部分中进一步详细说明。

那么，大家看到此处会有什么感想呢？本部分作为反面教材概括了不盈利的商业模式的构成和特点。如果这里举出的不盈利的理由中只要有一点符合你的情况，那么我想本书的九问就一定会对你有所帮助。

事不宜迟，让我们赶快进入正题，详细地去了解九问吧。

儲ける仕組みをつくる
フレームワーク

第二部分

构筑盈利机制的框架

04

九问框架的内在逻辑

将优秀经营者的思维模式提炼为实用的利器

在第一部分中，我阐述了在进行商业改革时，我们需要算无遗策地充分考虑应决策的事项、确认各个决策之间的内在统一性，以及重新审视已经投入运营的商业模式是否与当前社会环境相匹配。

那么，我们应该如何将以上三点付诸实践呢？这就需要一个工具来帮助我们一览商业模式的全貌。

迄今为止，我通过创业咨询、骨干企业和上市公司的培训进修等，与许多商业人士进行了深入的探讨与交流。但遗憾的是，大多数商业人士的思考方式都无法兼顾满足顾客和公司盈利这两个方面。

然而，那些优秀的企业经营者即使没有从理论上去思考同时兼顾满足顾客和公司盈利的问题，在决策时，他们也会靠敏锐的直觉对各项事宜进行综合决断。并且，越是卓越的经营者就越是如此。他们几乎不会在创业伊始就想好所有需要做的事，并进行整理，做好准备。也正因如此，优秀的经营者的思考方式才难以模仿，这正是他们自身的强项。

实际上，**将这些优秀经营者的思考方法进行理论归纳，提炼出的打造盈利机制的有效利器就是九问框架。**

九问框架囊括了构建盈利机制时所需的所有重要内容。因此，通过认真思考、回答这九个问题，一个新的商业模式就会逐渐成形。另外，当现有商业模式已经过时、落后时，也可以通过九问框架对其进行分解，逐个反思，再改进更新。

作为企业经营学的研究人员，有时我也会充当经营企业的实践者、商业经营咨询师和企业特训讲师等角色，九问框架是我对商业经营理论和实践两方面进行深入广泛调查后得到的结晶，并在大量实践案例中验证了其有效性。

九问框架的具体内容请参照图4-1。

图4-1所示的这九个问题是建立盈利机制的九个制胜点，其具体内容会在随后的各个章节中详细论述。

在讲解九问框架之前，我想再次强调：这九个问题不是独立存在的，而是有机结合在一起的。如果某一问的答案发生了变化，我们也必须重新审视其他问题的答案。

① 你的顾客是哪些有待办任务的人群

② 为顾客提供什么样的解决方案

③ 如何提出顾客价值方案

④ 从谁那里盈利

⑤ 用哪种产品盈利

⑥ 在什么时机盈利

⑦ 实际操作步骤是怎样的

⑧ 在实际操作步骤中我们擅长什么

⑨ 与谁合作

图 4-1　九问框架

九问框架的构成法则

九问框架实际由两条轴构成。纵轴是"打造商业模式需要思考的要素",即顾客价值、利润和实现这两点的实际操作。

横轴是"商业模式本身需要的要素",分别为谁、什么、怎么做。

由此,就产生了图 4-2 所示的九宫格。该九宫格中的九个问题也就是构建商业模式时需要思考的九个重要决策项。

每个决策项里都包含着规则与逻辑。只要按着这些规则和逻辑去思考,即使不去啃那些难懂的书,也能大致填满每个空格。这九个决策项是商业模式的基本构成要素,更是最终成功创建盈利机制的重要且最基本的工具。

掌握填满"九问"九宫格的思考方法

通过图 4-2 的"九问"九宫格的展示,成功的商业模式和失败的商业模式之间的差异就一目了然了。而且,失败的商业模式都有一个共通点,那就是不能完全回答九宫格中的问题,即第一部分中所述的"需要决策之事迟迟没有定论"。

要向社会推出自己的盈利商业模式,最低要求就是能够填满"九问"九宫格。因此,**我们需要掌握正确填满"九**

问"九宫格的思考方法。

实际上，即便是大企业的商业案例，也不一定就注意到了这九个应该提前决策的事项。因此，只要我们能够交出一份"九问"九宫格的完美答卷，那么无论企业规模大小，都可以与大企业为伍并与之竞争，甚至能够超越大企业。

商业模式本身需要的要素

	谁	什么	怎么做
顾客价值	你的顾客是哪些有待办任务的人群	为顾客提供什么样的解决方案	如何提出顾客价值方案
利润	从谁那里盈利	用哪种产品盈利	在什么时机盈利
实际操作	与谁合作	在实际操作步骤中我们擅长什么	实际操作步骤是怎样的

打造商业模式需要思考的要素

图 4–2 "九问"九宫格

05

通过案例研习如何创建优秀的盈利机制

失败案例：未能完成"九问"九宫格

在这里我想通过两个案例说明九问框架是如何帮助我们构建商业模式的。

失败案例1：博多牛肠火锅店

A先生辞去了餐饮店的工作，打算开一家期望已久的面向成人的博多牛肠火锅店。现在的博多牛肠火锅店大多面向家庭，但A先生打算以20~40岁左右正值壮年的商业人士为目标人群，为他们提供味道浓郁、蔬菜充足、增强体力的博多牛肠火锅。

A先生对食材的选择与烹饪都很有信心，坚信自己能够提供"味道鲜美"的牛肠火锅。并且，由于以前在餐饮店工作时就和食材供应方关系密切，此次开店也能够得到该供应商的协助。只是有很多店家已经打出了名气，同行竞争激烈，A先生担心能否盈利，因此向餐饮业朋友咨询，得到了

"毛利率最好为70%"的建议。

A先生估算的单份火锅成本价约为400日元，因此销售价格应为每份1350日元左右。但这样一来，A先生就很难凭借价格优势在已经进入市场并渗透到当地的牛肠火锅店中占据一席之地。A先生希望尽可能以低价格提供牛肠火锅，但他对这种做法是否能够盈利并没有信心。

A先生一想到这里就焦虑不安，并且不知道问题出在哪里，应该如何解决，心中烦闷，只能任由事业毫无进展，止步不前。

失败案例2：销售新型饮料

B先生在一家中型饮料生产公司工作。这家公司一直以来主要通过自动售货机和超市为顾客提供罐装和瓶装果汁、咖啡等软饮料。

这一次，公司在董事长的命令下决定启动新型饮料销售计划。这款饮料口感醇厚，味道也与其他公司生产出来的稍有不同，董事长很看好这款饮料的发展前景，告诉员工们这是一个赌上公司命运的大项目，并将此项目委托给了B先生，指示B先生采取与以往不同的商业模式销售这款饮料。

被委以重任的B先生一开始觉得干劲满满，但后来慢慢变得不安起来。因为B先生从来没有负责过这么大的公司项目。首先，光是把迄今为止积累的工作经验运用到这个项目中就已经让 B 先生觉得精疲力竭了。

具体来说，B 先生打算将这种饮料装入容量为 350 毫升的塑料瓶中，并以与竞争对手相同的价格（比如每瓶 120 日元）出售。借用传单与网络宣传，以美味和口感醇厚为亮点，吸引尽可能多的顾客来购买此产品，而且销售渠道和其他饮料一样，主要在超市和自动售货机中出售。

但是，B 先生突然想起来，董事长要求他"采取与以往不同的商业模式销售这款饮料"，这也就是说要求 B 先生要创造一个全新的商业模式。想到这里，B 先生不安地叹了口气，陷入一筹莫展的境地。

失败案例的原因 1：没能整体把握商业模式全貌

这些案例描述的都是准备开启新的商业模式时遇到的情况，也就是从零开始的情况。因为是事业前期，我们无法预知最后结果。但将已知的信息填入"九问"九宫格，我们就能得到图 5-3 和图 5-4。根据图 5-3 和图 5-4，我们就能明白这两个案例都缺少打造新商业模式时所需的必要构成要素。

实际上，由于无法整体把握商业模式全貌（如以上两个案例），就会在事业前期忽略一些重要的决策项。这正是那些没有创业经验的商业人士、经验不足的经营者或那些只依靠自身经验和直觉的商业人士所创建的商业模式中容易出现的共同倾向。

为了引导商业模式走向成功，我们需要抓住那些至关重要的决策项，而将这些决策项有效引导出来的工具正是"九问"九宫格。

无论何种类型的商业模式，最关键的一点在于它能在多大程度上直截了当地回答这九个问题或要不要回答这九个问

	谁	什么	怎么做
顾客价值	希望能一边喝酒，一边享受味道浓郁、能够增强体力的食物的20～40岁左右的男女	蔬菜充足、味道鲜美的牛肠火锅	?
利润	?	?	?
实际操作	供应商	?	从制作到销售过程中需要与供应商进行的一系列操作步骤

图5-3 "博多牛肠火锅店"案例的"九问"九宫格（现状）

题。因此，只要有一个问题没有答案，就说明这门生意还没有经过充分的思考斟酌，即使直接付诸实践，成功的概率也是极低的。

	谁	什么	怎么做
顾客价值	尽可能多的人	口感醇厚的饮料	尽可能低的价格；大众接受度高的宣传方式
利润	?	?	?
实际操作	超市、自动售货机	?	将饮料销售给最终顾客的一系列操作步骤

图 5-4 "销售新型饮料"案例的"九问"九宫格（现状）

失败案例的原因 2：构成要素未衔接成一个完整的故事

正如我之前所说的，一个优秀的经营者会充分理解同时产生顾客价值和利润的重要性，对这九个问题也能立刻作答。即使没有意识到九问框架，但只要稍做整理，就会发现运用现有信息和构想已经足够回答这九个问题。

但是，仅仅回答九个问题是不够的，我们还应该将所有的答案衔接在一起，这也是非常重要的一点。

比如，我让前面案例中的博多牛肠火锅店的经营者与新型饮料销售项目的负责人填写了"九问"九宫格，由此得到了图 5-5 与图 5-6。

根据图 5-5 与图 5-6，表面上他们好像已经回答了所有的问题，商业模式的九个构成要素都已齐备（灰色单元格是新添加的内容）。

那么，这两份九宫格答卷的完成度怎么样呢？利润一行的"谁 – 什么 – 怎么做"的答案相当于什么都没有决定。因为是事后才考虑到的，所以难免会有事后补充添加的感觉，甚至有画蛇添足之感，这样的答案没有任何意义。

在填写"九问"九宫格时有一个重要诀窍，那就是在列出九问之后，我们要：

- 将构成要素（"九问"九宫格的答案）衔接成一个完整的故事；
- 了解回答"九问"九宫格时的逻辑。

将"九问"中的九个回答衔接起来必须能构成一个完整的故事。也就是说，**要将所有的构成要素有机联系在一起，使"九问"九宫格的九个回答环环相扣，共同形成一个完整的故事。**

	谁	什么	怎么做
顾客价值	希望能一边喝酒，一边享受味道浓郁、能够增强体力的食物的20～40岁左右的男女	蔬菜充足、味道鲜美的牛肠火锅	尽可能低的价格
利润	从所有顾客那里盈利	通过所有菜品盈利	通过每次顾客结账来盈利
实际操作	供应商	博多牛肠火锅	从制作到销售与所需的供应商进行协商配合的流程

图5-5 "博多牛肠火锅店"案例的"九问"九宫格（更新后）

	谁	什么	怎么做
顾客价值	尽可能多的人	口感醇厚的饮料	尽可能低的价格；大众接受度高的宣传方式
利润	从所有人那里盈利	通过全部产品盈利	通过每次顾客结账来盈利
实际操作	超市、自动售货机	口感醇厚的饮料	将饮料销售给最终顾客的一系列操作步骤

图 5-6 销售新型饮料案例的"九问"九宫格（更新后）

成功案例：汉堡店的完美计划

我想再举一个例子。这个例子与前面的案例不同，它完美地回答了"九问"，并将各个构成要素都有机地联系起来，衔接成了一个完整的故事。请大家参考。

C 先生是一位 35 岁的男性经营者，他在餐饮业方面做了很多桩生意，都取得了成功。最近，他又在筹谋新生意，打算开一家时尚的汉堡店。

首先，C先生考虑了目标客户的定位。他将目标顾客定位为"迄今为止认为用牛肉做的汉堡都不健康、强烈追求健康的职业女性"。

然后，在针对目标顾客制定菜单阶段，C先生对顾客的购买场景进行了深入思考和挖掘，具体表现为"午餐时间，能在尽可能短的时间内摄取到美味、健康、不胀肚的食物"。

由于目标顾客是健康意识较强的人群，所以使用的食材不再是传统的牛肉，而是选用更为健康的鸡肉；面包尽量使用黑麦面包；调味品等也不使用热量高的蛋黄酱；减少用油等，制作并提供能满足她们健康需求的产品。

虽然C先生在设定价格时也很苦恼，但由于食材选定了鸡肉，其成本比牛肉低，所以C先生期望以价格优势达到热销的目的。市场上的汉堡一般价格为每个300日元左右，C先生打算把价格定在市场价格以下。

定价是关系到利润的重要环节。

将产品价格定在目标顾客能够轻松支付的范围，就可以达到薄利多销的效果。为此，C先生决定将产品价格定在成本价附近。由于市场上的汉堡平均价格是每个300日元左右，所以C先生最高可以将每个汉堡定价为210日元左右（也就是市场价格的70%)。

设定这样的价格是为了让顾客能更加轻松地购买,保证产品能够渗透市场。但这里还有一个要点,即顾客并不是只购买汉堡这一个单品,大部分顾客还会购买配汤、沙拉、咖啡等。

因此,加上200日元的配汤和200日元的沙拉,原本合计610日元的东西以500日元的价格进行销售。这样一来,只需一枚500日元的硬币就能享受到女性健康套餐,会让顾客觉得非常划算。

同时,除了健康美味的汉堡,商家还可以配上绿色沙拉、蔬菜丰富的意式浓汤等,这样的套餐既健康又令人有满足感,是满足顾客"用食物温暖身心"的生活方式需求的绝佳方案。

不仅如此,实际上,配汤和沙拉的利润率比健康汉堡的利润率要高得多。但是,如果不能依靠健康汉堡来占有和渗透市场的话,我们也就无法以这样的价格来出售配汤和沙拉了。这些产品是成套的,也就是说,通过将主打产品和附加产品组合起来一起推向市场,并向顾客宣传套餐的高附加价值,进一步带来高利润率。

设定汉堡的单品价格是为了让整个套餐显得更加物美价廉,因此单个汉堡的价格可以说只是一个参考价格(舍弃价格）。以此为基础进行成套销售，不仅能让顾客心满意足，还能保证每次顾客结账时能有利润入账。

另外，将每位顾客支付的单价设定为500日元，经营方就可以通过人数来管理销售额，对经营方来说也是一种容易操作的商业模式。

除此之外还要考虑进货和店铺运营方面的问题。

由于之前并没有销售过鸡肉汉堡，因此要大量进货鸡肉的话，还需要和供应商进行协调。结合具体情况，甚至可能要更换供应商。从这一点来看，有必要重新审视价值链，与谁合作这一点很重要。

另外，在店铺运营方面，由于顾客大多数是女性，在接待时需要更加注意温和有礼。同时，为了提升女性顾客的体验，店铺的布局装饰等店面形象的调整也是很有必要的。基于以上内容，C先生决定全面推行健康汉堡事业。

你觉得C先生的计划怎么样呢？

如图5-7所示，这个案例的设想已经完美填充了九宫格中的"九问"，各要素之间的联系也很紧密。在建立商业模式时，填充这样的"九问"九宫格就是一个很好的出发点。

	谁	什么	怎么做
顾客价值	希望能在短时间内享用到健康食物、具备较强健康意识的职业女性	以鸡肉汉堡、蔬菜为主的健康套餐	与城市中追求自然生活方式的其他牛肉汉堡店相对比的价格优势
利润	购买套餐的顾客	沙拉与配汤	每次顾客结账时获得的毛利润
实际操作	鸡肉供应商	经营咖啡店的经验	以打包外卖为主,在办公区、公园旁选址开展业务

- 根据"待办任务"将顾客分类,提出符合女性理想生活方式的一系列产品方案;
- 使顾客乐意购买利润高(价值与价格差值大)的补充产品,从而获得利润;
- 还存在不明确的地方:如除了鸡肉,还有其他的产品可以继续传播类似的价值理念吗?能提升品牌知名度吗?

图 5-7 "汉堡店"案例的"九问"九宫格

创作故事的法则

回答九宫格中的九个问题是至关重要的,但仅凭这一点还不足以完成盈利机制。重要的是要将各个构成要素紧密联

33

系起来，这一点我在前面已经说过了。

要完成将各要素紧密联系起来的盈利机制，仅仅把九个问题的答案堆起来是不行的。我们必须明确各个构成要素与其他构成要素之间的关系。

打个比方，假如将构成要素比作出场人物的话，最理想的是像制作出场人物关系图一样将故事情节交织串联起来。

无论在日本、亚洲其他国家还是欧美，同时产生顾客价值和利润的商业模式都是由一些必要并充分的构成要素紧密相连而成的。我们必须要清楚地认识到，某个构成要素的变动会影响其他构成因素，它们是牵一发而动全身的。

那么，**在故事创作中，最基本的规则就是"九问"九宫格的横向整合性**。例如，如果目标顾客（顾客价值的"谁"）发生了变化，那么相应地向顾客提出的解决方案（顾客价值的"什么"）自然也会发生变化。而且，最终它的销售方式和价格（顾客价值的"怎么做"）也会发生变化。

或者说，如果支付的人（利润的"谁"）发生了变化，那么支付的对象（利润的"什么"）也会受到影响。因此，积累必要利润所需的时间（利润的"怎么做"）自然也会受到影响。

在实际操作中也是如此。如果操作流程（实际操作的

"怎么做"）发生了变化，那么公司能够利用的优势（实际操作的"什么"）也会受到影响，最终的合作对象（实际操作的"谁"）也会发生变化。

这样的横向法则，即"谁-什么-怎么做"的整合性，本书将在各部分中分别来说明，即顾客价值（第三部分）、利润（第四部分）与实际操作（第五部分）。

当然，"九问"九宫格的内在整合性不止于此。例如，如果顾客价值的"谁"发生了变化，那么代表利润产生点的利润的"什么"，以及决定盈利时间轴的利润的"怎么做"，也会发生变化。

甚至，它还会改变实际操作的"怎么做"。也就是说，横向要素之间保持了整合性后，它们还会对纵向要素产生影响。

因此，纵向整合性也很重要。纵向整合性跨越了顾客价值、利润以及实际操作三大范畴。尽管它听起来有些复杂，却支撑着整个商业模式的运转。

如上所述，能否使用"九问"九宫格把故事从起点到终点完整地传达给别人是非常重要的。

"九问"九宫格错综复杂，但如果纵向横向都具备整合性，并且能走到最后，就可以说盈利机制接近完成了。

这样一来，盈利机制的九个构成要素就会产生无数种组合方法，本书介绍的是各种商业模式研究和方法论中最正统的法则之一。请看图 5-8。

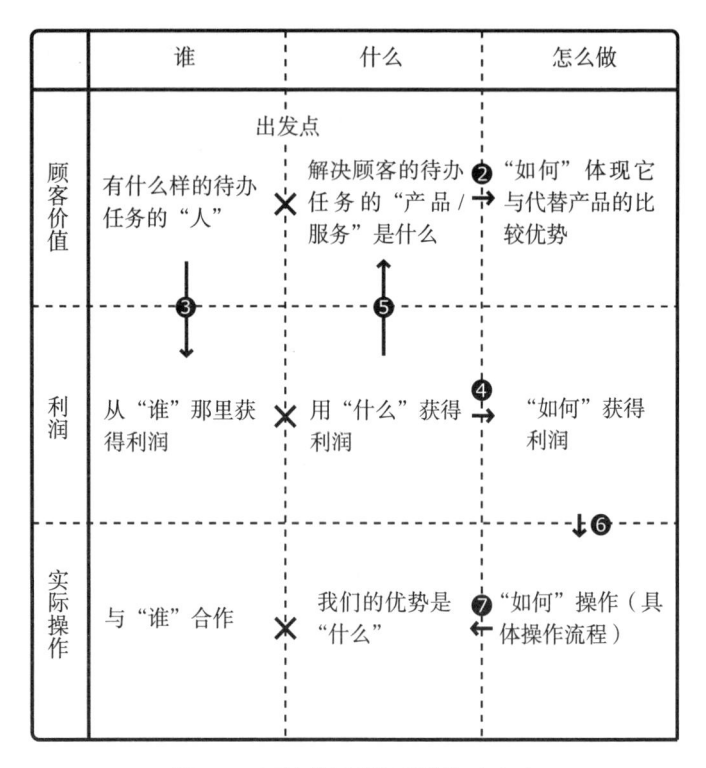

	谁	什么	怎么做
顾客价值	有什么样的待办任务的"人" ✗	出发点 解决顾客的待办任务的"产品/服务"是什么 ❷	"如何"体现它与代替产品的比较优势
	❸↓	❺↑	
利润	从"谁"那里获得利润 ✗	用"什么"获得利润 ❹	"如何"获得利润
			↓❻
实际操作	与"谁"合作 ✗	我们的优势是"什么"	❼"如何"操作（具体操作流程）

图 5-8 正统的盈利机制的构建方法

创建盈利机制首先要提出顾客价值方案（Value Proposition），即选定目标人群，并提出此类顾客待办任务的解决方案。这正是帮助我们找到与竞争对手、可替代产品和服务的不同之处的关键所在。

因此，几乎所有的商业模式都是从代表着顾客便利性的顾客价值中的"谁"和"什么"出发的。

为什么出发点有两个呢？因为顾客价值方案有时是从"什么"开始的。这是指提高那些已经被开发出来的现有产品价值的价值方案，也就是产品输出型（product out），即以企业现有的技术和制造方法所能制造的产品为基础，提出价值方案的方法。

由此可见，顾客价值的"谁"和"什么"是表里一体的关系。但无论如何，从这两点出发是构建商业模式最基本的法则，因为公司的目的就是满足顾客。

决定了顾客价值的"谁"与"什么"后，根据横向整合性，**我们将目光移到向顾客传达产品价值的"怎么做"上**（箭头❷）。由于是对顾客价值提出方案，所以除了顾客便利性，还需要考虑价格范围。

其次，重要的是**应该结合顾客便利性来考虑支付问题**。即支付者和支付对象的问题（箭头❸）。这两者之间也是表里一体的关系。对于"期待便利性的顾客"与"不期待便利性的顾客"或"期待利润的产品、服务"与"不期待利润的产品或服务"，必定要以其中一方为主体展开讨论。顺便**要决定"用什么方法获得利润"**，即盈利时间轴问题（箭头❹）。

讲到这里，顾客价值和利润之间的联系在一定程度上就很明确了。但是，如果不能同时创造出顾客价值和利润的话，就有必要改变顾客的便利性。这正是箭头❺代表的含义。

根据以上步骤，完成了顾客价值与利润的组合后，我们就要将目光转移到实际操作中去了（箭头❻）。

完成为顾客提供价值、为公司创造利润的价值链后，我们就要在实现该价值链的基础上，进一步分析自身优势，并和弥补自己弱势的合作伙伴进行合作（箭头❼）。

通过以上步骤可以说明商业模式的大体框架。假如你在构建商业模式时没有遵循以上规则，那么可以按照此方法重新尝试一次，想必你会有不同的见解。

06

利用"九问"九宫格实现扭亏为盈

改变盈利方式并改换合作对象

在了解了"九问"九宫格的基本使用方法后,我们再来看看针对前文的失败案例(博多牛肠火锅店、销售新型饮料)的改善后的方案(见图6–1)。

博多牛肠火锅店的顾客价值方案如下:

为了实现"希望在享受味道浓郁、增强体力的牛肠火锅的同时,能够与男女同事们畅快交流"这样的客户目标,本方案以比小酒屋便宜的价格,提供"蔬菜充足、富含胶原蛋白的火锅料理"。

提供单价为980日元的一人份火锅套餐。火锅作为晚餐和酒进行搭配,这是打破常规、令人耳目一新的方案,必然会产生顾客价值。为此,会有客人很乐意尝试并为此买单。

另一方面,该如何盈利呢?考虑到牛肠火锅本身需要的蔬菜、牛肠、高汤等原材料，一人份的火锅套餐成本在400日元左右，也就是说，其毛利率接近60%。这样的毛利已经很高了，但我们还可以推出毛利更高的产品。

来吃火锅的人，并不是只吃火锅，他们还会追加火锅中的配菜。在吃完牛肠火锅中的食物后，大多数人都会希望喝一碗美味的火锅高汤作为这一餐的完美收尾，而生鸡蛋和冷米饭都是这最后一碗高汤的完美拍档，可以组成450日元一份的"高汤菜粥组合"。生鸡蛋的成本为每枚10日元，一份米饭的成本为20日元，"高汤菜粥组合"的单份成本只有30日元左右。也就是说，"高汤菜粥组合"的毛利率达到了惊人的93%。假如每位顾客都能在最后充分享受高汤，那么产品整体的毛利率可提升至70%。

问题是，怎样才能让顾客接受"高汤菜粥组合"呢？为此我们能做些什么呢？答案很简单：将"高汤菜粥组合"作为主打卖点就可以了。

我常去的一家大阪南部的牛肠火锅店，主打的菜品也不是火锅，而是主推吃完火锅后可以利用剩下的高汤煮出来的芝士烩饭式的菜粥，牛肠火锅不过只是前菜铺垫而已。此店的成功之处就在于能将芝士烩饭式的菜粥做得非常美味，甚至为此专门设计了牛肠火锅。

因此，这家店的客人几乎是冲着芝士烩饭式菜粥去的，现在生意非常火爆，甚至很难预约到位置。

以上介绍了此店**"利用牛肠火锅，主打芝士烩饭"的具体营业方式**，我们可以从中获得启发，实现类似的商业模式。

	谁	什么	怎么做
顾客价值	希望能一边喝酒，一边享受味道浓郁、能够增强体力的食物的20~40岁左右的男女	蔬菜充足、味道鲜美的牛肠火锅	设定比其他小酒屋和牛肠火锅店更低的价格
利润	希望吃到用高汤制作的烩饭的人	不是通过牛肠火锅，而是通过"高汤菜粥组合"盈利	通过每次顾客的结账能获得必要的利润率
实际操作	经营烤肉店的朋友（超低价的牛肠进货渠道）	绝密调料、与牛肠进货渠道相关的人脉资源	宣传菜粥，满足顾客所需的一系列必要流程

- 降低主要产品/服务价格，推销宣传顾客价值；
- 使顾客乐意购买利润高（价值与价格差值大）的补充产品，从而获得利润；
- 绘制出用附加补充产品满足顾客的整个流程；
- 今后需要增加附加补充产品的种类与个数；
- 希望能提高产品与品牌认知度，使主要产品牛肠火锅也能获得足够的利润。

图 6-1 "博多牛肠火锅店"案例的"九问"九宫格（完善后）

41

与此同时，我们也要争取在产品价格不变的情况下提高牛肠火锅自身的利润。

于是，进货渠道就成了重点。在店主积累的人际关系中有一位烤肉店老板。与其个人采购，不如与烤肉店老板一起采购，这样既能买到好的食材，成本也会降低。考虑到这一点，利润还有进一步增加的空间。

改变价值方案并调整盈利方式

饮料制造商 B 在回答九问的同时，还思考了如何将九问的答案整合起来。

首先是客户价值方案。从"美味并口感醇厚的饮料"这一产品特征入手，考虑怎样才能把产品送到想要它的顾客手中。

"真正认同并需要这种饮料的人是谁？" B 先生思考了这个问题，得出的答案是"注重身体健康的人"。那么，就可由此得到最终答案：在注重身体健康的人聚集的场所销售该饮料，反响会最热烈。

因此，B 先生决定在美容院和健身房出售此种饮料。为疲惫不堪的人们提供美味的饮料，这对美容院和健身房来说也是提升服务质量的加分项。

以此为基础，B 先生进一步决定放弃常见的矿泉水塑料瓶，而将产品放入 5 加仑（约 22.7 升）的聚乙烯水桶中出售。说是销售，其实是相关工作人员去美容院或健身房更换水桶即可。为此，B 先生还配备了此种饮料专用的饮水机。

配备专用的饮水机会增加成本。但是，B 先生并不出售专用饮水机，而是以每月 1000 日元的租金出租它。这样 2 万日元的制作成本在两年左右就能收回，合同中也会添加最低两年交易期限的条款。毕竟 B 先生的主业不是销售饮水机，所以 B 先生并不打算从饮水机上获得利润，只是将其引入而已。

考虑到 B 先生的公司主要靠销售饮料来盈利，所以我们最后打造出的商业模式是：低价格出租专用饮水机，销售大桶装饮料，从中持续获得利润。

这并不是说把饮料卖出去一切就万事大吉了，由于此模式中增添了饮水机，后续还需要和客户保持联系。为此，不仅需要和健身房以及美容院合作，还需要寻找配送、更换水桶的外包人员以及能够生产饮水机的公司并与其合作。

正如图 6-2 所示，这是近年来最流行的销售新型饮料的商业模式。**不是依靠售卖产品来盈利，而是依靠引进饮水机保证持续销售和盈利**。这和之后将要介绍的"剃刀和刀片模式"是一个原理。

根据以上两个改造案例，相信大家已经理解如何通过回答"九问"来打造盈利机制了。

在下一部分中，我将以已经推广到市面上的产品或服务为例，让大家在实践中理解"九问"九宫格的思维模式。

	谁	什么	怎么做
顾客价值	口渴的人	口感醇厚的饮料	对身体健康并且终端消费者能够"免费"享用
利润	不是消费者，而是美容院或健身房买单	不靠饮水机，而是靠持续不断提供饮料而盈利	需要一定的时间积累利润
实际操作	美容院和健身房；配送、更换水桶的外包人员；能够生产饮水机的公司	饮料制造商的市场信任度	将饮料送到终端消费者手中的全部流程；与美容院、健身房持续进行交流合作

- 终端消费者享用产品，但是由美容院与健身房买单，即产品的最后享用者与支付者不同；
- 不依靠成本高的饮水机盈利，而是凭借持续不断地提供饮料持续积累利润；
- 从实行计划到形成价值链的一系列操作步骤，但最好不要扩大销售范围（避开产品规模化陷阱）。

图6-2 "销售新型饮料"案例的"九问"九宫格（完善后）

这里要介绍的案例绝不是简单的纸上谈兵，而是我实际通过参与产品调研而构建的盈利机制的案例，并且这两个案例中的产品和服务至今仍在热销中。

| 07 |

活用"九问"九宫格实现产品热销

依靠新价值方案,锐步 EASYTONE 大获成功

近年来,锐步公司的一款名为 EASYTONE 的跑鞋引起了人们的关注。相比欧美,它在日本销售得尤为火爆,其商业模式甚至被欧美反向引进,正因为它背后有着精密设计的盈利机制。

我有幸参与了此产品的调研,在此就结合"九问"九宫格来说明此产品从零起步到发展的整个过程。

EASYTONE 作为一款"穿上就能达到美腿、提臀效果"的跑鞋,在全球同步发售以来,尤其得到了日本顾客的大力支持。

EASYTONE 采用了"不平稳中的平稳"的神奇技术(内置式平衡气囊系统),可以在日常行走中帮助顾客形成正确的走路方式和仪态。由于 EASYTONE 调动了人们平常走路时用不到的腿部,特别是大腿部肌肉,在持续穿着期间就能

达到美腿和提臀的效果。

EASYTONE的鞋底科技原本采用的是欧美的锐步公司的方案。也就是说，这是一款科技感十足的产品。

这就是顾客价值的"什么"，并由此产生了这款产品。

在这样的背景下，EASYTONE进入日本市场时首先提出了"锐步，随时随地健身塑形"的推广理念。锐步的日本公司对此进行了反复的探讨，以使这一理念更具价值。

于是，我们反复调研并思考了谁会真正认同并需要这款产品。也就是说，适合该产品的目标客户是哪一类人？最后，我们选定了"对锐步抱有好感、追求形体美的女性"为目标人群。

日本曾掀起过购买锐步的热潮，当时购买的女性现在大约处于35～49岁期间。此年龄阶段的女性虽然每天忙于育儿、工作，但依然热衷于追求形体美。而且，这部分女性也苦恼于没有时间变美。

像这样，EASYTONE虽然是先行产品，但日本锐步公司却从中准确地把握住了该产品的潜在顾客与她们的"待办任务"，并站在她们的角度解释、传播产品的价值。

也就是说，我们没有让EASYTONE与其他的运动鞋相互竞争，而将它的功能与健身房的功能挂钩并进行对比。在健身房一个月的花费大概是 2 万日元。因此，EASYTONE 即使标价 1.4 万日元（健身房月花费额 70% 的价格）也能热卖。

此时，EASYTONE 展现的不是它作为鞋的功能，而是它作为健身房替代品的功能。因此，EASYTONE 的广告词是"穿在脚上的健身房"，并提倡"随时随地健身塑形"的生活方式。

初步确定以上方案后，锐步公司还需要与有一定销售场地和服务能力的零售商建立合作关系。因此，锐步公司在具有一定销售能力的零售店铺中设置了 KIOSK 专区，让顾客可以亲身体验 EASYTONE 的价值理念。锐步公司通过这样的方式增加了"塑形"概念的理解者与支持者。像这样实现支持者数量的增长是体育厂商创造利润的新模式，如图 7-1 所示。

而且，为了达到所想的必要利润水平，锐步公司放弃了过去"用单个产品谋求利润"的做法，而是选择通过提倡"塑形"这种生活理念来"创造长期利润"。

具体来说，EASYTONE 运动鞋形成了一种生活方式和价值的传播与交流，最终锐步公司将通过相同的理念但利润更高的服装产品，或购买了第一双鞋之后的再次购买需求来创造长期利润。

EASYTONE 本身并不专指某种产品。但由于该产品的运动鞋的冲击力太强，才给顾客留下了运动鞋产品的印象。

EASYTONE其实是传达"随时随地健身塑形"这一价值理念的品牌。

这一品牌也推出了各种服装产品，如弹力裤和紧身裤。锐步日本公司将以同样的方式推广发展ZIG和REAL FLEX（品牌名）。

	谁	什么	怎么做
顾客价值	没有时间追求形体美，对锐步品牌抱有好感的女性	出发点；仅靠穿着就能达到健身塑形效果的生活方式	"穿在脚上的健身房"；相当于健身房一个月的花费的价格
利润	认同此生活方式的人	利润更高的服装产品	需要一定时间等待顾客多次购买
实际操作	能够正确传递EASYTONE价值理念的零售商	鞋底科技（内置式平衡气囊系统）；所提倡的生活价值理念的诠释权	将"穿在脚上的健身房"提供给顾客的一系列操作流程

- 彻底分析女性顾客的"待办任务"，专注于完善"无时不运动"的宣传理念；
- 将产品的定位从"鞋"转为"健身房的替代品"；
- 创造出利润更高的服装产品与顾客的重复购买需要，需要一定时间来积累利润；
- 成功关键：能够与正确传递EASYTONE价值理念的零售商紧密合作。

图7-1 "锐步EASYTONE"案例的"九问"九宫格

49

综上所述，从 EASYTONE 的"九问"九宫格可以看出，与其说 EASYTONE 是一款产品，不如说 EASYTONE 是一款通过向客户提出价值主张，从而为企业创造利润的精密设计产品。

改变商业模式后，废弃的滑雪场复活了

冬季休闲运动是一个已经成熟并已衰落的行业。随着滑雪热的降温，位于秋田县的田泽湖（Tazawa）滑雪场也陷入了经营困境。

本来该滑雪场的设施已经越来越老旧，客人也越来越少，但在开始实施某项举措后的两年里，滑雪场就创造了最高业绩（总资产利润率）和最高客单价，甚至在日本经济新闻发布的休闲性滑雪场排名中战胜了知名滑雪场，位列全国第五位。之后还被选为李秉宪主演的韩国电视剧 *IRIS* 的摄影场地，带动整个地域声名鹊起。

这家一直处于困境中的滑雪场，到底实现了怎样的转变？我参与的这个案件正是通过"九问"九宫格创造出盈利机制的成功案例。下面我们就来具体了解一下吧。

来到风景绝佳并拥有滑雪场、餐厅和住宿设施的田泽湖滑雪场的顾客到底有什么待办任务呢？——从这样的问题入手，我们通过问卷调查以及扮成顾客暗访的方式考察了已有经营资源的消费现状。

我们发现很多顾客来这里不是为了滑雪,而是为了体验一种"逃离日常的轻松感",同时也为了追求美食和舒适的服务。

因此,田泽湖滑雪场决定提高餐厅的烹饪水平,从各个方面缓解顾客的压力(如减轻顾客对恶劣天气的担忧),给顾客带来"逃离日常的轻松感"。

话虽如此,毕竟是滑雪场,无论是美食还是其他服务,都是最终用来提升消费的手段。虽然提出了"美食滑雪场"的价值主张,即提供"日本第一美味的咖喱"和"日本第一美味的拉面",但归根结底这些都是为了经营滑雪场而向顾客进行宣传的亮点。

对于追求周到服务的顾客来说,美食是不可或缺的重要加分项,因此,我们需要将美食作为顾客价值的"怎么做"来谨慎对待。

因此,滑雪场保证如果觉得食物不好吃可以退回。此外,滑雪场还引入了一种机制:如果顾客有剩余的滑雪索道乘坐券,可以结转到下次继续使用。

做了以上决定后,我们就需要规划一个流程来落实这些措施。虽然在待客技术与美食等方面存在不足之处,但这些方面不需要花费成本，仅仅通过小改动就可以克服。

此外，田泽湖滑雪场还催生出了一种新的利润创造模式，即**通过它们引以为傲的美食，首先让顾客感受美食的价值，从而成为它们的粉丝，再让顾客去滑雪来获得收益。**

关键是以美食为首的各种"价值保证"。

这样的故事（内在联结）使田泽湖滑雪场实现了客户价值和企业盈利的双赢。我们可以看到"九问"九宫格中的构成要素成了出场人物并构成了故事情节（见图7–2）。

看到此处，你有什么感想呢？我想你已经理解了"九问"九宫格模式无论在创造新的盈利机制上，还是在将现有机制变革为盈利机制上都是有效的。

从下一部分开始，我们将详细介绍"九问"九宫格的各个构成要素。

	谁	什么	怎么做
顾客价值	出发点：希望体验"逃离日常的轻松感"的人	美食与绝美风景	"美食滑雪场"的未来愿景；比其他任何地方都更美味、更便宜的饮食
利润	希望享受美食的人	通过滑雪索道乘坐券盈利	让顾客多次使用滑雪索道乘坐券创造利润
实际操作	服务周到的员工；材料供应商 ✗	拥有美景的场地	为了让顾客享受滑雪、美食、周到服务的一系列流程

- 彻底分析了滑雪游客的"待办任务"，明确了顾客追求的不是"滑雪"本身，而是为了体验"逃离日常的放松感"；
- 不追求最新的滑雪设施，而追求美食，提出以"美食"为基础的价值方案；
- 为了提升吸引力，彻底保证产品/服务的价值；
- 用美味并且价格公道的食物吸引客人，再用滑雪索道乘坐券创造利润。

图 7-2 "田泽湖滑雪场"案例的"九问"九宫格

53

顧客価値を提案する

第三部分
提出顾客价值方案

08

为有各种待办任务的顾客提出不同的解决方案

智能手机 vs 3D 电视，哪个更受欢迎

热销的产品与服务的共同点是什么呢？不用说，就是使顾客感到满意。那么，什么是顾客感到满意呢？毋庸置疑就是顾客在购买完该产品后也认为这是一次很好的购物。

本书将其称为"顾客价值"，后面我们将介绍其准确的定义。顾客价值是商业活动的支柱与重要前提。本章希望先带领大家看一下顾客价值是如何产生的，先从最近的热销产品说起吧。

《日经 MJ》每年都会发布热销产品排行榜，从中我们可以看出某个特征。

2012 年入选日本关西地区前两名的热销产品分别是 7 英寸平板电脑与 LINE，2011 年入选日本关东地区前三名的热销产品分别是以 iPhone 为中心的一系列苹果产品、安卓终端以及 Facebook。

智能手机比以往的手机拥有更多的功能。虽然其整体功能不如PC（个人计算机），但操作起来比PC方便很多。平板电脑虽然连通话功能都不具备，却也成了近几年的热门产品。

正因为具有这些特征的智能手机、平板电脑能够解决顾客持续不减的待办任务，它们才能在众多产品中脱颖而出，受到广大消费者的欢迎。

LINE和Facebook也是智能手机上经常使用到的社交网络软件（SNS）。只要在LINE或Facebook上找到对方，即使不知道对方的邮箱地址，也可以通过短信或聊天功能轻松地交流。社交网络还有一个好处，就是可以让人们再度联系到曾经的朋友，因此用户数量呈爆发式增长。

这些都是改变了顾客生活方式的产品或服务，并且，它们将这种变化以信息的形式巧妙地传递给了顾客。

现在，如果没有平板电脑、智能手机和社交软件的话，不管是交流还是工作都会变得极为不便。这些产品、服务已经深深地融入了人们的生活。

相比之下，各大日本电视厂商隆重推出的3D电视却表现平平。虽然最初3D电视赶上了DTMB（地面数字广播）产品的更换潮而销售业绩喜人，但产品投入市场半年后，消费者就不会因为它是3D电视就为它买单了。这是为什么呢？

后面我们会再谈到这一点，同时我们也会揭示受顾客欢迎的产品与不受顾客欢迎的产品在顾客价值的设计阶段会有怎样的思维差异。

超出支付金额的实惠感才是顾客价值

如前所述，简单来说，顾客价值就是"使顾客感到满意"。在此我们再深入一步，厘清顾客价值的定义。

顾客价值就是顾客从某个产品中获得的全部好处或满足感减去顾客支付的价格后还剩余的实惠感，即：

顾客支付意愿 – 价格 = 实惠感（顾客价值）

当顾客认为从产品中得到的好处或满足感超过了价格，即顾客价值为正数时，顾客就会下决心购买。只有在购买后仍认为买对了的情况下，顾客才会继续购买该产品或服务。

假如你走累了想喝口水润润嗓子。这时候脑海里就会想，为了解渴我可以支付多少钱呢？假设答案是150日元。

你眼前有一台自动贩卖机，一款你熟知的运动饮料正在以130日元的价格出售，这个时候你会毫不犹豫地购买这款饮料吧。究其原因，是因为它的售价低于你愿意为了解渴而支付的 150 日元。你在得到这款运动饮料的同时，还能获得 20 日元的实惠感，这就是顾客价值。

也就是说，顾客价值并不是指这款运动饮料的价值，而是指拿到运动饮料后仍然能够获得的实惠感。反过来说，当售价高于顾客愿意支付的价格时，交易就绝对不会发生。

在购买液晶电视时，你是否也一边衡量它今后能够带来的好处，一边决定什么价格就可以入手呢？在购买名牌衣服时，你是否也在心中暗自比较它的售价与它能带来的生活变化、外表升级等好处呢？

不管金额多少，购买行为都是顾客判断出有价值时才会产生的。

不同顾客能感受到的价值（好处和满足感）各不相同，但也不会大相径庭。因此，在考虑商业模式时，我们需要将有"某种程度类似的待办任务"的顾客分为一组，这叫作"顾客细分"。

产品或服务的价值是由买方决定的

看到这里，想必你已经知道是谁来决定产品价值了。

价值不能由提供方自己决定。提供方可以定价，但说到底定的是价格而不是价值。当买方认为该产品有好处，并且价格低于顾客为获得该好处而愿意支付的金额时，买方就会觉得该产品有价值并购买。

这就像股票的价值不能由发行该股票的公司决定，而是由投资者决定。房地产的价值也由购买者决定。即使提供方想通过定价决定价值，但如果交易不成立，最后提供方也只能降价。降价其实就是提供方迎合买方价值判断的做法。

综上所述，我们就可以得出一个结论，即任何产品或服务，**价值都是由买方决定的**。如此一来，问题就变成了：决定价值的买方是如何判断价值多少的？我们应该在弄清楚这一点之后，再冷静地分析自己提供的产品或服务的价值，并将这个价值传递给买方。

那么，买方到底是如何感受价值的呢？

选定我们的目标顾客

经营管理学中最有名的词大概就是差异化了吧。很多时候，无论是产品还是服务，都必须在看得见的地方清晰地展现出它与其他公司产品之间的不同之处。但是，这里有一个很容易忽略的重点，那就是不存在对所有人都有效的差异化。比如，不管前面提到的最热销的产品（如iPhone及其他苹果产品）有多么出色，它是否能取悦世界上所有的消费者呢？

答案是否定的。苹果产品主要面向的是那些想让自己的生活更便捷并追求时尚的年轻人。因此可以说，苹果公司做了一定程度的市场细分。并且，当苹果公司在选择某类人群作为目标顾客时，就注定要失去另一类顾客群体了。

如果我们要实现产品的差异化，就**必须选定某一类顾客作为我们的目标顾客**。针对这些需要解决不同待办任务的目标客户，为其提供相应的解决方案——这才是创造顾客价值最基本的工作。

九问①：谁——你的顾客是哪些有待办任务的人群

选定某种特定情况的顾客进行市场细分

从本节开始，我们来具体看一下顾客价值中关于"谁""为什么""怎么做"的问题。

为明确顾客价值，我们首先要做的基本工作就是要明确目标顾客到底是谁，以及他们的待办任务有哪些解决方案。在市场细分的基础上，从确定目标顾客的特定情况，到明确他们的待办任务的整个过程，都是在回答顾客价值中关于"谁"的问题。

也就是说，我们需要回答"什么人"与"有怎样的待办任务"这两个问题，只回答其中一个并不能构成顾客价值的"谁"的答案。

下面，我们来具体看一下顾客细分的内容。

顾客细分有多种标准。比较传统的方法有人口统计细分法（如根据年龄、性别、职业）和地理统计细分法（如根据居住地区），等等。

然而，在需求多样化的今天，仅凭这些传统的方法已经无法设计开发出热销的产品或服务了。

比如，假如使用"生活在日本千叶县的40多岁男性，已婚，两个孩子"这样的细分方法，那我们能提炼出什么样的共通形象呢？即便我们想提炼出他们的共通形象，这些"40岁的男性"也会立即转化为我们脑海中的虚拟人物。更何况统计学多用"取平均数"的计算方法，用平均数来描绘目标顾客形象的做法并不可靠，最后得出的"平均"的生活方式对我们的帮助也不大。

相比之下，将顾客"按不同的具体情况"划分的方式更加有效。**找出顾客的"待办任务"进行分组，明确目标**。例如，不要把进入体育用品店的顾客设定为"40多岁，有家庭"的人群，而是将其设定为"想要和家人一起运动，但不知道要准备什么体育用品的家庭"，以此来确定特定的顾客情况，找出顾客应该解决的"待办任务"。

乍一看，这样的细分方法选定出来的目标顾客数量似乎十分有限，但实际上，很多顾客都会觉得"这正是我的情况"。

发现顾客"要处理的待办任务"的练习

正如上一节所提到的，如果我们能掌握将焦点放在顾客的待办任务上的方法和思路，那我们看问题的视角就会无限扩大，**也能为处于困境的顾客提供与众不同的解决问题的方法**。比如，瓶装"浓茶"曾经非常流行。由于浓茶受到了广大消费者的追捧，各大厂商也纷纷开始生产浓茶并将其投入市场，浓茶市场随即掀起了一阵腥风血雨，同行竞争异常激烈。这正是厂商只考虑到了顾客需求导致的结果。

但当我们把目光从"是什么在流行"转移到"为什么会流行"时，又会产生什么样的结果呢？

为什么浓茶会流行呢？通过仔细分析情况（有时也需要观察并调查一下顾客），我们就能弄清楚其中的原因。也就是说，我们要搞清楚那些不得不购买浓茶的顾客到底有什么待办任务。

这样一来，我们得到了一个令人意外的结果：浓茶是商业人士为了解决"下午开会不犯困"的需求而购买的。茶饮料不管是在便利店还是自动售货机都能轻易买到，并且在会议进行过程中饮用也完全没有问题，所以商业人士往往会在下午购买茶饮料。

这种情况下，顾客价值中"谁"就是"希望下午开会时不犯困的商业人士"。如果能推导出这一点，我们就会很容易想到，如果开发出更加合适的产品来解决顾客的这一需求，那么这件产品就会比浓茶卖得更火爆。

例如，实现这一点的可能是一颗可可含量高的粒装巧克力，也可以是自动贩卖机中的提神能量饮料。

不管如何，假如我们知道如何能够提神或者使大脑更灵活，我们就很有可能开发出一个颠覆浓茶市场的热销产品。

如果我们能培养出寻找顾客待办任务的敏锐眼光，并能提出与众不同的解决方案，那么创造顾客价值就是一项真正富有创意并令人兴奋的工作。

实际上，宝洁公司（P&G）就非常注重寻找顾客的待办任务，并以不断提高产品价值而闻名。

宝洁公司在市场营销工作中提出"在工作中发现"与"在生活中发现"两大举措。

"在工作中发现"是宝洁公司的员工**在出售本公司产品的零售业现场观察卖场出现的问题、谋求产品改良和解决问题的举措**。依靠该举措，宝洁公司就能明白消费者在购买产品时注重什么并进一步了解竞争产品的特点，这都有利于今后的产品开发。

"在生活中发现"是宝洁公司的员工到使用宝洁产品的家庭中生活一段时间，进行实际调查的举措。依靠这个举措，宝洁公司就能明白**实际使用宝洁产品的顾客最重要的待办任务到底是什么，以及宝洁的产品是否解决了顾客的待办任务**。其调查结果最终也会用于产品开发或改良。

神户市的某家日本公司也积极学习并应用了这些举措，并最近开发出了一种名为"Ariel REVO"的划时代产品。此公司为了制造去污能力更强的洗涤剂，派遣研发小组去了顾客家进行调研，最后发现现有的许多洗涤剂未能真正解决顾客的待办任务。其中最引人注目的是"肉汁（meat sauce）等油类食物印记洗不干净"这一点。如果从需求上考虑，我们可能会开发一种去污能力更强的洗衣粉，但宝洁公司团队提出了一种完全不同的解决方案。

此时，宝洁公司团队市场细分出的"谁"是"想处理油污的家庭主妇"。

明确"谁"之后，宝洁公司提出了"防污洗衣"的方案，即用宝洁公司的洗涤剂清洗后，污渍就不容易再浸入衣物，这将本该事后处理的洗衣工作提前进行了预防处理。如果不是抓住了顾客的待办任务，宝洁公司是无法提出这样的解决方案的。

我们从这个案例中可以看出，相比通过人口统计细分法来引导出"谁"，根据顾客待办任务进行市场细分的办法反而更加有效。

关注为什么畅销而不是什么畅销

那么，到底怎样做才能找到顾客的待办任务？

首先，我们要接受某类产品很畅销的事实，着眼于是什么样的产品畅销，为什么这个产品畅销。找出畅销的理由，就能找到顾客的待办任务了。

也就是说，**看到畅销的东西，我们要关注的不是什么畅销，而是为什么畅销。**

iPhone产品受到了消费者的追捧，这并不是因为大家都想要一个智能手机。相比iPhone的功能，它的设计及其所带来的生活方式更加吸引顾客。也就是说，比起iPhone本身，iTunes音乐软件和App store应用商店带来的联结感、"随时都能进入某个状态"的时尚感，以及不用随身携带电脑也能潇洒地完成相同工作的科技感吸引了顾客。

另一方面，有一款简单的只能拨打电话的手机，虽然不像iPhone等智能手机那样功能齐全，但也曾大受欢迎。这是一款没有摄像头、不能发短信、没有铃声、没有信息存储功能，甚至连液晶画面都没有的产品。在当时众多厚重的、多功能的翻盖手机当中（当时还不叫翻盖手机），它几乎没有任何特色功能。尽管如此，这款手机还是大受欢迎。

想必你已经想到了。这款产品就是京瓷公司（KYOCERA Corporation）开发的"tu-ka S"机型手机。它得到了不喜欢多功能手机的老年人和视觉障碍者的大力支持。

如果问他们最希望手机有什么功能，那就是简单地能够打电话。由于他们并不会频繁地打电话，所以手机要小巧轻便。这类顾客群体寻找的其实是"公用电话"的替代品。

当其他手机厂商都热衷于为手机增添新功能时，京瓷公司抓住了顾客真正的待办任务与他们最迫切的需要，也就是顾客的"优先事项"，才能生产出这款"一招定胜负"的产品。

解决顾客待办任务最重要的是什么

要解决顾客的某个待办任务，我们就要找出围绕这个待办任务的细化事项。顾客的优先事项就是按重要程度对这些细化事项进行的排序。列出顾客可能需要的待办细化事项，**并对照顾客的情况和待办任务进行重要程度排序，而非简单地并列处理这些细化事项。**

我们首先要设身处地为顾客着想，用集体讨论的方法将这些细化事项转化为"顾客想要……"的句式表达。用便利贴进行记录也是个不错的方案。总之，要尽可能多地罗列出"顾客想要……"的句子。

我们应该很容易就能想到3个左右的细化事项，但是，要写出10个就很困难。如果我们能想出并好好整理出五个左右的细化事项，就算是合格了。

重点来了——我们要将这5个细化事项按优先顺序排列。如果不进行排序，大多数人会把它们并列处理。但如果你是顾客呢？顾客不会认为这些细化事项同等重要，并早已在潜意识中对它们进行了排序。比如，你去滑雪场的理由是什么？

假如你的待办任务是"想要与朋友们体验逃离日常的轻松感"。那么围绕这个待办任务就会延伸出许多细化事项，比如想要看滑雪场的美丽风景、想品尝美食、想要热情周到的服务、想要干净的雪、想要可以接受的总成本、想要时尚的设施，等等。

这些细化事项不是并列的。在寻求放松感时，我们很容易想到美味的饭菜是最重要的。富裕阶层可能会优先根据美食决定是否光临这个滑雪场，而不会考虑总成本。

学生群体可能会优先考虑总成本，而不太重视热情周到的服务。

无论如何，我们可以从顾客的待办任务推断出优先事项。如果再构建出一个虚拟人物来模拟消费场景，顾客的优先事项就会更加可视化。

顾客是谁？要回答这个问题，首先细分顾客市场很重要。**为此，我们要确定顾客的情况，明确他们的待办任务。然后再列出围绕这个待办任务顾客可能会提出的要求并对其进行排序，进一步把握顾客的情况。**

当然，最重要的是不要依靠性别、年龄、职业、居住地区这些表面的东西进行顾客细分。

九问②：什么——为顾客提供什么样的解决方案

寻找竞争产品畅销的原因

正如前面所说的，顾客购买东西，是为了解决他的待办任务。顾客想要的不是产品本身，而是产品所提供的解决方案。解决方案越能解决顾客的待办任务，顾客从这个产品或服务中体验到好处和满足感就越大，付款意愿就越强。

简单地说，思考顾客价值中的"什么"，只需要弄清楚顾客尚未解决的事，或者解决事情时难以处理的部分，然后有针对性地提出价值方案即可。

因此，我们首先要在即将提供的可以解决顾客待办任务的各种产品中，观察一下其中最畅销的产品，以及产品销售业绩最好的公司。

这样做并不是为了模仿现有的产品或公司。每一个产品之所以畅销背后都有绝对的逻辑在支撑。我们需要透过现有的畅销产品，找到它畅销的深层原因。

"小飞侠鞋"为何热销

某家公司的儿童运动鞋非常畅销。这款跑鞋有口皆碑，人们普遍认为"穿上这双鞋，孩子们就能跑得更快"。这款跑鞋的确具备一些让孩子们在赛道上跑得更快的功能。比如它在拐弯时的抓地力更强，可以提高起跑时的爆发力等，是一款实现了差异化的与众不同的跑鞋。

这款跑鞋热销多年，以至于其他厂商也纷纷推出了可以让人跑得更快的运动会、正式比赛用的跑鞋。

这款跑鞋之所以畅销，无疑是因为它让人跑得更快。这样的话，假如运动会当天所有的孩子们都穿上了这款跑鞋又会发生什么呢？由于大家的运动鞋相同，最终还是要根据孩子们自身的跑步速度来定输赢。

原本孩子们的待办任务是想在运动会上脱颖而出，获得一等奖。他们最重要的优先事项是"在运动会当天跑得更快"，但如果大家在运动会这天都穿同一款运动鞋，顾客的待办任务就得不到解决。

那么，假如你今后要进入运动鞋市场，你会提出什么样的价值方案呢？

我再重复一遍：对于孩子们来说，最重要的优先事项是在运动会当天跑得快。

既然如此，孩子们在运动会以外的日子里进行锻炼就变得尤为重要。从结果上来看，要想在运动会当天跑得快，就算大家都穿一样的鞋，只要孩子掌握了足够快的跑步方法就可以了。

这样根据顾客的待办任务推导出相应的解决方案，就是制作"在运动会以外的日子里穿的，让孩子们能掌握快速奔跑诀窍的鞋"，然后让孩子们在运动会当天穿上和大家一样的鞋就可以了。

这样做的话，就可以避免和现有的运动会当天穿的运动鞋产生竞争关系。而且，正因为这款产品是在运动会之外的日子里穿的矫正鞋，所以使用频率更高，也会更快产生更换需求。这个解决方案的关键点就在于运动会当天不使用，但可以作为运动会的训练鞋来使用。

当你能将产品看作一种解决方案，而不是一个物品后，**分析这款产品是否能真正地为顾客解决他们的待办任务就变得非常重要**。顾客未解决的事情越多，潜藏的商机就越大。

就拿刚才的例子来说，我们关注的不是运动会当天跑得快的方法，而是"为了跑得快，平时矫正跑步方式"这一未解决之事（见图 8-1）。

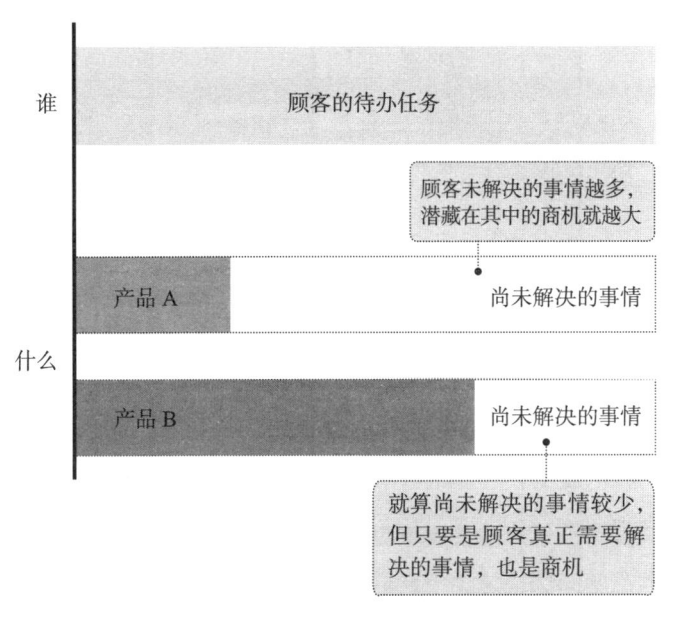

图 8-1 关注顾客尚未解决的事情

像这样，即使大公司生产出来的产品已经解决了顾客的大部分问题，但有时依然存在一些关键性问题尚未解决。

还有，如果大部分顾客的问题都已经解决了，对其他顾客来说真正重要的事情仍然悬而未决呢？由于竞争对手往往是大型公司，它们有时会忽略一些小众群体的待办任务，并不把这些顾客视为它们应该争取的目标顾客。

这种情况对规模较小的公司来说更加有利。

关注产品使用者的周边状况

什么情况下顾客会无法解决待办任务？为了解这个情况，比起关注产品本身，我们更需要探寻产品的周边衍生状况。

我们可以按照顺序从顾客购买阶段、解决待办任务阶段以及产品的持续使用阶段来回答这个问题。

为处理某件事情，顾客需要使用某个产品。但如果要购买的话，就会产生诸多不便，比如要去很远的地方购买，或者不得不购买附带的产品。因此，只要我们解决了购买过程中的不便问题，就会大大提高顾客的评价。

在解决待办任务阶段，顾客也会遇到一些障碍，比如使用时遇到的困难：很多科技产品公司为了实现差异化，往往会在产品中加入过多的功能；很多餐饮店提供的套餐中的菜量也往往多得惊人。

"不管是什么，都可以加入我们的产品中"或"功能齐全或大分量的产品一定能得到顾客好评"这样的思维定式其实是大错特错。

功能过于齐全的结果往往是顾客使用起来不方便。我们应该专注于产品的主要功能，研究产品到底应该解决什么，对什么有用，是否能妥善处理顾客的待办任务。

甚至解决待办任务之后，顾客在持续使用阶段也会遇到一些保养维修难题。比如产品需要维修、升级，甚至最后会报废。对顾客来说，维修或更换产品，以及处理报废产品的复杂过程都会成为他们购买产品的阻碍。

我们应该站在顾客的角度思考，从购买产品、解决待办任务，到持续使用阶段的完整过程中顾客可能会遇到的一系列问题。

以上介绍了"找出顾客待办任务""解决顾客待办任务"以及"维持事情解决状态"的完整顾客活动流程。这也被称为"顾客活动链"，详情可参照图8-2。

下面，我们通过一个具体案例来理解顾客活动链。这是一个家庭购买3D电视的故事。

某位顾客希望能享受一家四口在一起其乐融融的时光，为此打算在客厅里安装一台3D电视。由于不知道该选哪一

这才是生意人的赚钱思维

购买阶段：

意识到有无法解决的问题 → 关注这个问题 → 对需要的产品/服务的关键词有初步设想 → 寻找具体解决方法 → 购买应该能解决这个问题的产品

解决待办任务阶段：

使用购买的产品 → 熟练使用购买的产品 → 解决待办之事

持续使用阶段：

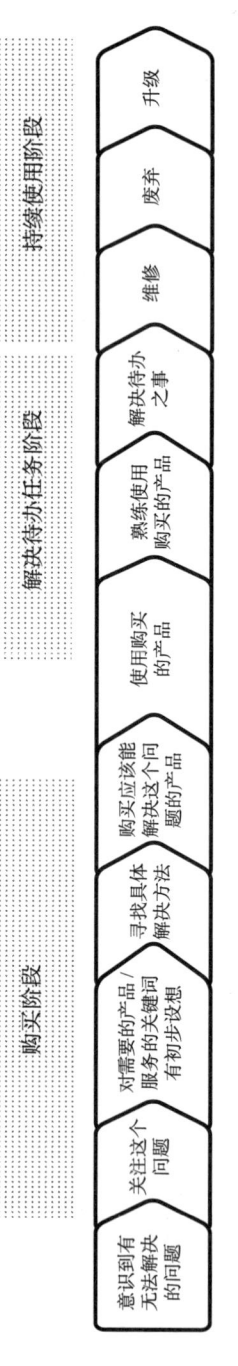

维修 → 废弃 → 升级

图 8-2　顾客活动链

款,就决定去店里实地看一下。但由于3D电视的种类、功能繁杂,最后无功而返。

这位顾客对3D电视不太了解,于是决定先购买一台日本国产的。然而,尽管商店里就有存货,但他被告知需要一周时间才能交货。这位顾客希望尽量快点,却也没有办法。一周后,顾客收到了3D电视,迫不及待地想要观看3D电影,却看不出来3D效果。

他读了一下说明书,原来需要将3D电视机与配套的3D眼镜连接起来才能看出3D效果。他摆弄了半天依然找不到连接的窍门,最后实在不知道该怎么办了,而且他还需要往3D眼镜里安装电池。

摸索了半天终于把3D电视与3D眼镜连接起来了。好啦,终于可以一家人一起好好享受3D电影了……这么想着,正打算将其他眼镜也与3D电视连接起来,却发现这台电视只搭配了一副3D眼镜。这位顾客哑然了。要想和家人一起看3D电影,还需要再购买三副3D眼镜。一副3D眼镜1万日元左右,于是顾客迫不得已又支付了3万日元。此时,顾客已经达到了忍耐的极限。

最后,设备总算齐全了,对3D作品也期待已久了,但又遇到了新的问题——3D影视作品的资源并不多,而且也没有3D影视资源的出租服务。也就是说,顾客只能单独购买

3D影视资源,且3D资源的价格很高,每部作品都在5000到6000日元左右。也就是说,如果想要和家人一起看3D电影,还需要源源不断地购买3D影视资源。这位顾客已经觉得无话可说了。

无奈之下,这位顾客只好将2D影像转换为3D影像观看。过了一段时间后,3D眼镜没电了,但已经无所谓了……

现在,这位顾客购买的3D电视已经不用于欣赏3D影视了。3D眼镜积了灰,唯一购买的一部3D影视资源也沦为了架子上的装饰品。重金购买的3D电视变成了一台普通的电视,没能实现顾客"在家庭团聚的美好时光中观赏3D影视"的愿望。

现在,在了解了顾客的实际使用情况之后,厂家就应该能在提高服务体验感的同时,解决顾客的待办任务。已故营销大师莱维特(Levitt)教授有这样一句名言:

所有的公司都属于服务行业。制造公司也好,零售公司也好,无论什么公司都具备服务行业的要素,只是多与少的区别。

这种想法正是解决顾客待办任务的重点,也是打造新的商业模式时不可或缺的视点。

购买3D电视的顾客的待办任务是什么呢?优先事项又

是什么呢？对此，负责生产这个家电的生产厂家如果能考虑到这个产品是否能真正解决顾客的待办任务，就能更好地服务于顾客。

像这样，如果能将视线从产品上移开，转而关注产品的衍生问题，即顾客购买、使用时的问题，那么我相信，不管是什么样的企业都有可能赢得顾客的青睐，掌握开拓出新市场的商机。

解决产品周边衍生问题是解决方案的关键

全方位服务当然也包括对顾客无法解决的产品的衍生问题的服务。如果我们提供的产品/服务能做到全方位服务，并将其作为亮点，那么我们的产品与主要服务的价值就会得到飞跃性的提高。

让我们来看看前面的3D电视的解决方案。

顾客的待办任务是"享受和家人团聚的时间"，为此，顾客打算购买一台3D电视。这时，不是对家电特别了解的人都会认为3D电视和以前的电视一样，只要打开就能立马看到3D效果。

因此，我们首先需要宣传"简便"，也就是"谁都能轻松使用的3D电视"这一价值理念，并以此为基础进一步完善价值方案流程。

首先，根据之前这位顾客的感受，交货的时间非常重要。特别是家电，很多顾客会因为担心故障等原因，希望能尽快交货。尽管某些顾客本身就拥有这种家电，只是需要更新换代而已，商家也需要在顾客有较高热情时尽快交货。

其次是安装、设置等前期准备工作。像连接3D电视与3D眼镜这样的操作，对于不懂家电的人来说还是很麻烦的，这就需要一些辅助。昂贵的3D影视资源也是如此，如果影视资源数量少且价格昂贵，那也会增加顾客观看3D电影的难度。

想要使用3D电视，却出现了这么多的衍生问题，如果顾客把这些问题告诉其他人，或在社交软件上大倒苦水，那这对于该家电公司来说就是个相当大的打击。因为它们都会给品牌推广带来负面影响。

那么，应该由谁来解决以上衍生问题呢？

是负责销售的零售商吗？当然，作为差异化的方法之一，零售商一直在尽力缩短交货时间，并提供安装、甚至降低影视资源价格等服务。但这样的服务其实产品制造公司也可以做到。

韩国家电制造商LG公司在这方面就别具匠心。LG公司虽然在影视图像方面逊色于日本厂商，但LG公司大幅改善了观看3D影视时出现的衍生问题，因此出货量也得以大幅度提高。

例如，LG公司放弃了大部分日本厂商制造的3D眼镜，采用电影院中普遍使用的偏光式3D眼镜。这样既不用给3D眼镜充电，也无须将3D眼镜与3D电视连接起来才能观看。

偏光式眼镜会导致画质下降。日本厂商追求高清的画质，才决定使用特制的3D眼镜，然而这却导致顾客的工作量增加了。

而LG公司克服了这一点，为无论如何都想看3D影像的顾客提供了很容易就能观看的、还算比较优美的3D影像。

更重要的是，LG公司致力于让顾客从买到3D电视的那一天起就可以看到3D影像。最近，针对提供3D影视资源的软件数量很少，并且价格昂贵的情况，LG电子公司推出了只要将电视联网，就可以自动接收LG公司发送的3D影像的服务。这样，即使顾客没有购买专用的播放器或影视资源，也可以免费享受3D影像。

而且，考虑到3D影视资源还很少，LG公司改进了2D影像向3D影像转换的技术。虽然其他厂商制造的3D电视也有这个功能，但LG公司明显更加注重这一点，并不断完善，实现了高精度的 3D 影视转换。

这个案例告诉我们，制造厂商也可以减少产品的各种衍生问题，扩大服务范围，为顾客提供全方位的服务，这才产生了"3D 影视轻松看"的解决方案（见图 8-3）。

而且，令人惊讶的是它的价格比日本的 3D 电视还要便宜。虽然 2D 影像转换的 3D 画质略显逊色，但足以用于家庭客厅欣赏。

简而言之，我们要明确价值方案，并提出能解决衍生问题的解决方案，以便更好地服务顾客。

从解决方案开始打造商业模式

看到这里，我们已经知道"顾客是谁"，有什么"待办任务"了，后来我们也学习了什么是"解决方案"。我们是按这个顺序学习的，但实际上，这两者都能成为商业模式的出发点。

在打造一个全新的商业模式时，最理想的方式是从"顾客是谁"开始。但是，假如你已经有了一个现成的商业模式，那么你应该从你为社会提供的解决方案（什么）开始，反推出适合的"顾客"（谁）。这样反而可能更容易。

要提高产品或服务的价值，即提高现有解决方案（什

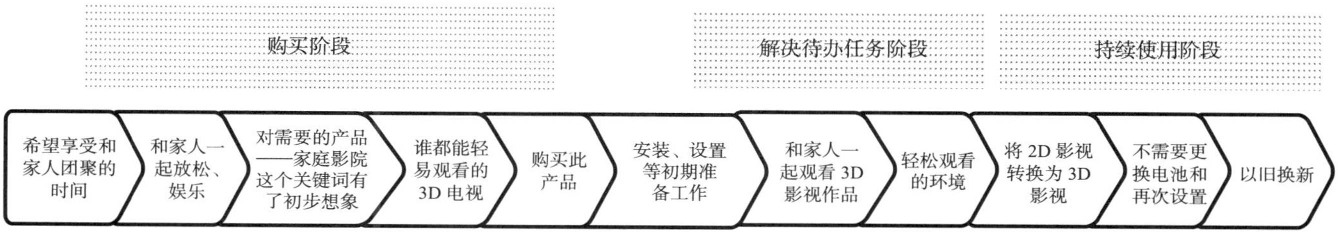

图 8-3 LG 电子公司 3D 电视的顾客活动链

购买阶段：
- 希望享受和家人团聚的时间
- 和家人一起放松、娱乐
- 对需要的产品——家庭影院这个关键词有了初步想象
- 谁都能轻易观看的 3D 电视
- 购买此产品

解决待办任务阶段：
- 安装、设置等初期准备工作
- 和家人一起观看 3D 影视作品
- 轻松观看的环境

持续使用阶段：
- 将 2D 影视转换为 3D 影视
- 不需要更换电池和再次设置
- 以旧换新

么）的价值，你可以从寻找能充分发挥该价值的顾客（谁）入手。

轻松创造顾客价值的方法——去"不"才会赢

首先我们来说说实现顾客价值中的"什么"最快的方法。

去"不"才会赢——这是从顾客角度出发，用于打造商业模式的魔力关键词。它的意思是**指要为顾客去除带有"不"字的负面评价，这也是商业的精髓。**

不方便、不满意、不确定性、不值……为了解决顾客的待办任务，或为了让顾客过上更好的生活，我们应该努力将这些负面评价中的"不"字去除。

产品或服务的衍生问题大多带"不"字。比如，我们马上可以想到"购买时不方便""使用时不方便""接待客人不真诚""说明不明确"，还有"购买后是否能改善生活的不确定性""购买后是否有效的不确定性"等。

因此，我们需要想办法让顾客感到更方便、更满意，并切实受益，这才是最终产生顾客价值的关键。请记住，**这个带有魔力的关键词——去"不"才会赢。**

九问③：怎么做——如何提出顾客价值方案

将什么样的产品价值通过什么样的方式传递给顾客

到这里，我们已经学习了创造顾客价值的"谁"和"什么"的部分。也就是说，我们要根据待办任务准确定位顾客群体，并找出能解决顾客待办任务的解决方案。

明确了这些内容之后，我们就要努力把我们的产品或服务送到顾客身边。这一步骤代表了与顾客之间的交流，以及传递信息方法的"怎么做"。

需要传递给顾客的信息可以分为两类。

第一类是构成支付意愿的产品优点，第二类是价格。

产品优点就是，向尚未见过面的顾客展示自己公司提供的解决方案的优势。然后是价格，这是对顾客最有影响力的一个因素。我们要告诉顾客，产品的这些优点用多少钱可以买到。我们甚至可以说，只有将"产品优点"与"价格"组合起来，产品的价值才能传递给顾客。

也就是说，我们如何与顾客进行交流并接近顾客是一个很重要的问题。

利用产品名称和宣传标语传递价值

传递产品优点的方法有很多种，最容易理解的就是产品名称。如果产品名称能够直接体现出我们的解决方案，那我们的产品就一定能够传递到需要它的顾客眼前。

宣传标语也很重要。它要体现我们在向有什么待办任务的人展示什么样的解决方案，这也是我们需要向顾客单向传递的重要信息。

我们有很多机会将产品优点传递给顾客，比如在商业广告、网络中，也可以在店铺、商店名称、产品名称中……我们可以利用任何一个顾客可能接触到的渠道来传递这些信息。

我们在传递信息时要留意产品的替代方案，并有意识地传递：相比这些竞争产品，我们的产品是否能更加游刃有余地处理顾客的待办任务。

例如，锐步EASYTONE的宣传标语是"穿在身上的健身房"，这就向顾客传递了"鞋也可以作为健身房的替代品"的信息。

以这类手法见长的公司是小林制药。

大家都知道，小林制药的产品名称就直白地给顾客传递了主要信息。它们为产品起的都是简单易懂的名字，比如退热贴（退烧贴）、喉咙膏药（喉咙杀菌·消毒药），或者排油塑形丸（去除内脏多余脂肪的减肥药）等，产品的名字都直接向顾客传递了产品的功能、用途信息。这些产品也传递出了小林制药"顾客想到，我们做到"的公司理念。

在顾客活动链的各个环节中承载信息

虽然我们认为利用产品名称直截了当地传递出解决方案是一种有效传递信息的方法，但在**顾客活动链的各个环节都添加并传达出由公司提示的解决方案信息也不失为一种好办法。**

零售商是辅助公司进行这项工作的好帮手。生产厂商应选择能在产品优点与顾客价值等方面与自己达成共识的零售商合作。

而假如你属于零售业或者服务业，你只需将生产厂商的价值主张毫无遗漏地传递给顾客，就能成为生产厂商最强大的合作伙伴。当然，这也能使你与顾客保持更加牢固的关系。

结合价值与价格进行宣传

定价是最难做的决策。因为价格很大程度上左右着企业的利润，但这个问题也没那么复杂。在定价的时候，只要贯彻某条铁律就可以了。

这条铁律就是根据顾客的支付意愿定价。一般来说，当**顾客产生购买欲望时，将价格定在顾客愿意支付的价格的70%左右，顾客就会觉得比较便宜。**

比如大甩卖等活动都是基于这个思路，一般从打7折开始销售。问题在于公司能否从这个价格中获利。

从结论来说，公司只能盈利。不用说，我们不应该做价格低于成本价的生意。但近年来，有些产品高打"免费"的旗号，声称可以免费提供给顾客，这又该如何解释呢？

答案很简单。

即使眼前的免费产品或服务会产生亏损，但公司最终还是能够获得利润。为实现获利这一目标，我们才需要考虑商业模式。

比如某出版社的彩色时尚杂志的单本售价只要600日元，这能赚钱吗？至少肯定达不到出版社需要的利润水平。那么，按照成本价，以2000日元左右的价格出售会怎么样呢？那就没有顾客会购买该杂志了。

于是，杂志会用赞助商的广告费来补足利润和无法回收的成本。多亏了杂志中的广告，我们才能以600日元左右的价格买到一本杂志。

顾客只会在合适的价位购买产品。也就是说，不能产生足够顾客价值的产品的买卖是无法持续的。

那么，如果实在想通过单个产品来获得利润又该怎么办呢？

这就必须进一步增加产品的优点，或加强与顾客的交流，让顾客更清晰地了解到产品的全部优点。

总而言之，**我们需要将价格和产品优点结合起来，一起传递给顾客。**

定价需要看所有的替代解决方案，而不是替代产品

假如我们创造出了前所未有的、全新的产品或服务，那我们该如何定价呢？或者说在没有竞品时我们该如何定价呢？

答案很简单。即使世界上没有类似的产品，但顾客的待办任务早已存在。我们只需要推测出顾客以前为解决这样的待办任务付出多少成本就可以了。

只要我们的定价比原本的解决成本低，那我们的产品肯定会热销。或者说，尽管我们的定价比原本的解决成本高，但只要能恰当地宣传我们产品的优点，依然能获得顾客的青睐。

在寻找参考价格时，我们应该把目光从替代产品上移开，转而思考能解决这个待办任务的所有解决方案有哪些，当产品功能最接近某个解决方案时，就可以向顾客宣传——与此相比，使用我们的产品有多么实惠。

比如本书前面介绍的EASYTONE，它虽然只是一双步行鞋，但当其他步行鞋的定价都在每双6000日元左右的时候，EASYTONE却能以每双1.1万日元左右的价格成为热销产品。虽然定价高了一倍，但EASYTONE依然紧紧抓住了顾客的心。

这是因为EASYTONE认为自己不是其他步行鞋的替代产品，而是"在健身房运动一个月"的替代解决方案，并通过宣传标语"穿在脚上的健身房"巧妙地向顾客传达了这一点。

如果去健身房运动的话，一个月的花费（包括入会费）需要2万日元左右，所以1.1万日元的EASYTONE还是具有价格优势的。而且EASYTONE在日常穿着中就会有塑形效果，顾客也不用专门"受苦"运动了，不用经历"苦寒"也有"梅花香"。这就是这双鞋热销的主要原因。

思考追加的"价值保证"

顾客在购买时为什么会犹豫？即使顾客已经充分了解到了产品优点，但产品**是否能真的按照预期发挥作用呢？顾客不喜欢这样的结果不确定性**。如果卖家能够提前告知顾客在使用时可能会遇到哪些麻烦，并将其纳入解决方案，就会让顾客更加了解产品，同时顾客价值也会大大提高。

具体来说，价值保证就是解决方法之一。

你可能会想到在线上购物时经常出现的"无理由退货制度"。价值保证的方法各种各样，不仅出现在线上购物中。许多商业模式都为了提高顾客价值而导入了价值保证。

比如本书中介绍的田泽湖滑雪场案例中，"美味咖喱"和"美味拉面"等解决方案就附加了"如果觉得不好吃就可以退货"的价值保证。此外，当天气不佳或顾客受伤导致滑雪索道乘坐券剩余时，滑雪场还会保证以原价收回顾客剩余的滑雪索道乘坐券。

近年来，DeNA公司进军职业棒球界，引进了"如果顾客感到比赛无聊，就可以退款"的制度。在限定观看席位上试行这一制度后，实际上有相当一部分顾客要求退款。

这对球队来说是一个严重的打击，但因为顾客会得到退款，所以顾客不会把怒气发泄在DeNA公司身上，反而会觉得 DeNA 是家诚实的好公司，从而提高了顾客评价。如果把这作为公司的宣传广告费来考虑的话，在认知层面上可以说是成功了。

任何行业都可以引进价值保证。例如，减肥产品、美容院等都会向顾客保证产品有效果，从而赢得顾客的信赖。还有，如果是需要不断更新迭代的软件产品，则采取"假如购买半年内发行了新版本，则可以免费进行更新"的策略。甚至还有线上服装店铺称"如果购买三周内我们进行降价促销活动，则会退还差额"。

美国有一家著名的除虫害公司，当竞争对手称"可以将害虫减少到可以接受的数量"时，这家公司保证"可以彻底消灭害虫"，并承诺如果做不到就会退款。当然，这家公司的收费是竞争对手的 10 倍，可以说是相当昂贵了，但正因为附加了这样的价值保证，公司的收费也变得不那么令人难以接受了。功夫不负有心人，这家公司最后获得了惊人的市场占有率。

正如这些案例所示的，各行各业中很多没有品牌影响力的公司都会以各种形式对顾客进行价值保证。

到这里为止，我们已经学习了顾客价值中的"怎么做"。它将我们在"谁"与"什么"步骤中明确下来的产品或服务逐步完善为完整的价值主张。

"怎么做"是将产品、服务的价格与价值传递给顾客的过程。很多公司在决定了产品和服务的内容后都会松懈,但我们绝不能忽视定价和价值传递的步骤。

价值由对方(顾客)判断。那么,如何告诉对方产品价值就非常重要。本部分一气呵成,介绍了顾客价值中的"谁""什么""怎么做"策略,这些共同构成了一个完整的价值主张。

09

创建顾客价值的思维导图

到这里，我们已经学习了如何回答"顾客有什么待办任务""对此，我们可以提出什么解决方案"以及"如何提出解决方案（如何传递信息、定价）"等问题。这三个问题的答案共同构成了价值主张。

为保证这三个问题的回答之间具有连贯性，我们需要一个思维导图来帮助我们思考。顺序是：**从顾客的待办任务出发，提炼出与解决方案相关的优先事项，最后确认在顾客活动链中是否产生了实际的解决方案。**

详细请见图9-1，即在上述步骤的基础上，重新审视顾客的活动链。

此图旨在回答"想要解决问题"的顾客如何利用公司提供的解决方案才能有效地解决问题。

"创建顾客价值的思维导图"也可以帮助我们一边实践前文介绍的去"不"法则，一边创造顾客价值。

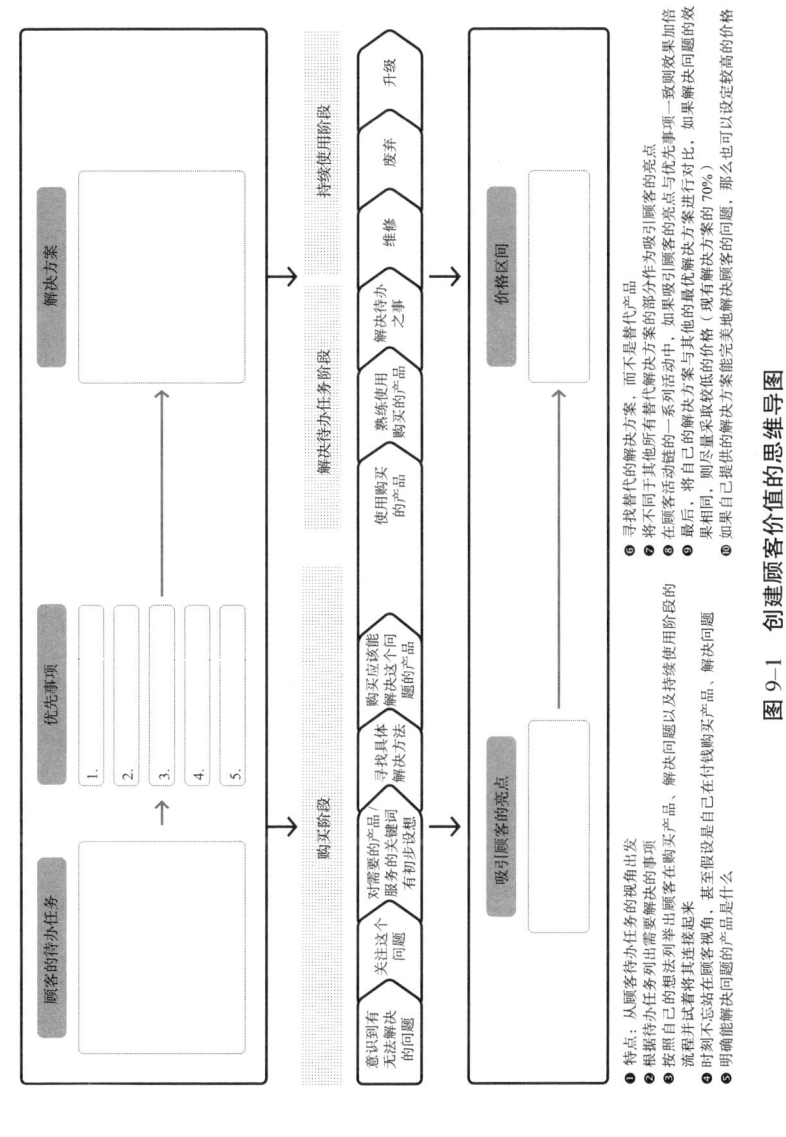

图9-1 创建顾客价值的思维导图

这里列举了五个优先事项，如果公司能告诉顾客本产品或服务可以解决其中最重要的优先事项，或对此进行价值保证，顾客就可以安心购买了。

此外，专注于重要的优先事项，有针对性地开发产品或服务，使解决方案能更直接地解决顾客问题也非常重要。或者，提高接待顾客的服务质量，改善店铺门面工作也能产生顾客价值。这些完全可以通过重新审视顾客活动链来实现。

换句话说，创建顾客价值的思维导图其实是以待办任务为核心明确特定的目标顾客群体，再利用去"不"法则不断地完善解决方案。

此时，需要去除"不"字的对象是已有的业务或服务，具体来说，就是处于竞争中的业务。

我们需要明确这样创造出来的业务或服务的哪一部分最吸引顾客。从结论说，**解决方案必须要能解决优先级较高的事项**。最后根据产品或服务的优点来决定价格区间。

图9-1涵盖了本部分介绍的所有内容。以此为基础，我们就能实际创造出顾客价值。

举个例子，我们用经常提及的EASYTONE案例来填写这张图，请看图9-2。

这幅图告诉我们：想要对腿部或臀部进行塑形的消费者

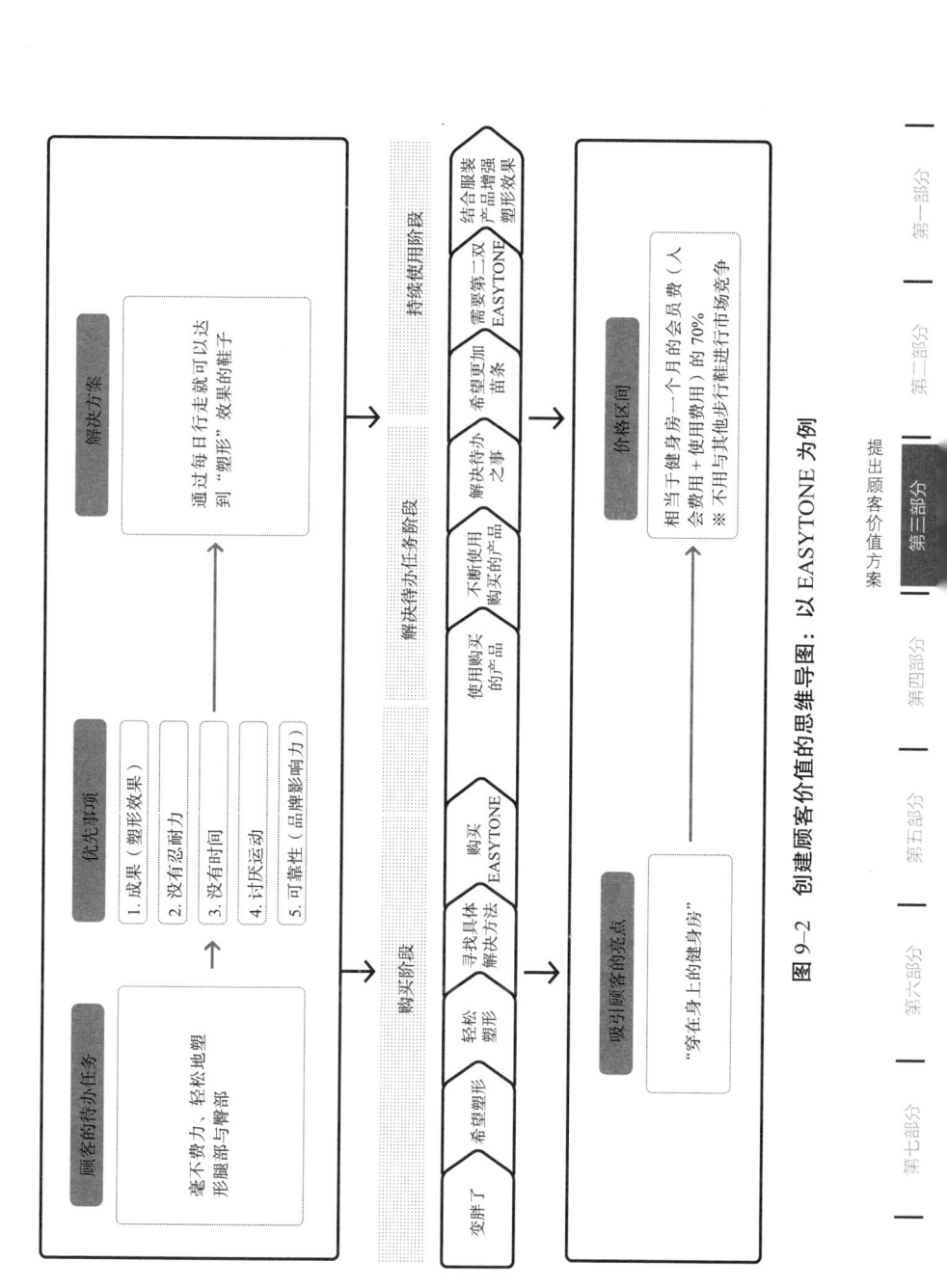

图 9-2 创建顾客价值的思维导图：以 EASYTONE 为例

认为最重要的优先事项是什么。

当然，这样一来，塑形效果自然是最重要的。不过，考虑到要去除顾客对产品评价中的"不"字，我们应该避免顾客需要自律、苦练，而应强调塑形过程中的轻松感。此外，产品的可靠性也很重要。

面向有这些优先待办事项的顾客群体，日本锐步公司提出了"随时随地健身塑形"的解决方案，将EASYTONE推向日本市场。

此时，顾客会如何在活动链中解决自己的待办任务呢？

"轻松""塑形"是重要的关键词。此外，为了让顾客持续使用产品，解决方法（穿在身上即可）也非常重要。

我们可以从顾客活动链中观察顾客的生活。从这些判断材料出发，我们最终将"穿在身上的健身房"的价值方案作为主打亮点，明确了此产品可以作为健身房的替代品。

通过以上过程，比任何步行鞋都要价格高昂的EASYTONE作为健身房的去"不"法则优化产品，产生了顾客价值。

小结：顾客价值方案的要点

POINT 1 不要依靠性别、年龄、职业、居住区域这些表面的东西进行顾客细分

POINT 2 依据顾客的待办任务进行顾客细分

POINT 3 对顾客来说，解决方案不是只有功能
（不是产品功能越多，就越能解决顾客的待办任务）

POINT 4 即使功能不变，但只要使产品更简便、更有针对性、更可靠，就会提升顾客评价

POINT 5 关注顾客购买之后的问题

POINT 6 将产品/服务的价格定在顾客愿意支付的价格之下

POINT 7 为更好地传递产品价值，使用直白易懂的产品名称

POINT 8 关注强有力的竞争对手以及自己的成功事业中的不足之处

利益を設計する

第四部分
设计盈利方式

10

从多种盈利方式中找出规律

为什么有的盈利方式不赚钱

任天堂 3DS 产品发售之后仅仅过了半年价格就下跌了 1 万日元之多。原本售价 2.5 万日元的产品，价格下跌率竟然达到了令人惊讶的 40%。

在这里，我们要探讨的并不是任天堂 3DS 产品的价格下跌，而是当初为何制定 2.5 万日元的产品售价。

这明显就是一个错误的售价，可以说是一个错误的获利方式。售价制定的判断错误导致了销售额和利润的低迷，结果使得任天堂公司陷入上市以来的首次赤字危机。如果任天堂一开始就制定出符合现价的经营销售方案而非后来被迫降价，或者一直沿用原有的"盈利方式"，恐怕就不会陷入这样的被动境地吧。

与之相对照，同属于游戏业界的 GREE 以及 DeNA 等新兴风险企业，通过向智能手机等终端提供社交游戏软件，实现了40%～50%左右的销售总额回报率，获取了巨额利润。

虽然看上去都是同样的提供游戏软件的商业赚钱模式，但是之所以产生如此巨大的差别是因为利润的回收方式（盈利方式）完全不同。

那么到底是什么让任天堂这样的制造企业和提供社交软件信息的企业之间产生了截然不同的结果呢？

我想，如果掌握了"利润的设计方法"，也就是如何产生利润的方法论后，这个问题就迎刃而解了。

盈利方式并非只有一种

通常我们提起盈利方式就会想起"出售产品""获得服务的等价报酬"等所谓的销售概念。这是以前一直以来就存在的最正统的盈利手段。货币与物品的交换，简单易懂。

但是除此之外还有许多种盈利方式，请参看图10-1。纵轴是盈利的来源，横轴是如何获取利润，即盈利方式。从该图中可以一目了然地看出盈利方式并非一种，数一下"○"的话竟然有13种类型。盈利方式不是只有出售产品这一种方式。下面就简单进行说明。

	产品	定额制	从量制	差额利润	介绍费	广告费
直接销售	○	○	○	○	○	
售后服务		○	○			
内容模式						○
产品金融			○		○	
版税		○	○		○	

图 10–1 盈利方式的类型

① **直接销售**：提供产品和服务后获得顾客的付款
② **售后服务**：通过对一些操作复杂的产品实施售后服务盈利
③ **内容模式**：通过提供内容元素的媒体（网站或者杂志）来盈利
④ **产品金融**：通过向顾客提供金融服务等辅助性服务来盈利
⑤ **版税**：通过伴随知识产权产生的使用他者权利的费用支付来盈利

盈利方式还有以下几种：

- 产品等价支付：通过出售产品等价回收报酬，这是最普遍的盈利方式；
- 定额制：与使用量无关，收取固定费用的盈利方式；
- 从量制：根据使用量收取费用的方式；
- 差额利润：在成本价上加成（利润率）的盈利方式；
- 介绍费：通过介绍获取手续费的盈利方式；
- 广告：由其他公司的广告产生的盈利。

将以上的盈利方式和费用来源组合起来共产生出了 13 种不同类型的盈利方式。

与此类似，亚德里安·斯莱沃斯基（Adrian Slywotzky）在其著作《盈利的艺术》中介绍的盈利方式竟然达到了23种。

请参照表10-1。这里已经罗列了可见的23种盈利方式。由于是十几年前的著作，因此想进一步追加的话，估计还会出现其他的盈利方式。

无论怎样追加，这些也只是盈利方式的罗列，从中无法得出有关新的盈利方式的启示。我认为倒不如探讨一下这样的盈利方式是怎样产生的，这样反而更有建设性。

因此，我在本书中将向大家介绍可以进行策划的盈利的规律。

那就是关于利润的"谁–什么–怎么做"。

表10-1　《盈利的艺术》中介绍的23种盈利方式

盈利方式	详细内容
顾客个性化解决模式	了解顾客，制订解决方案，构建业务关系
产品金字塔模式	用低利润的低端产品积累客户，用高端产品获取巨额利润
多元组合模式	寻找不同的途径，以不同的价格向不同的客户批发产品，有侧重点地获取利润
总控台模式	在联结买卖双方的市场中获取手续费。没有库存负担
时间盈利模式	先行者获利。在出现模仿追随者之前从其产品独特性中盈利

续前表

盈利方式	详细内容
"杰出范例"模式	通过少数产品的畅销赢取市场,成为杰出领导者
乘数效应模式	通过同一产品、商标、服务获得多数盈利机会
创业家模式	为维持创业家的推动力,以较小的单位组织完成商业行为
专业化模式	由专业特殊化形成优势地位
核心组件模式	虽然主打产品利润较低,但能通过附加产品持续盈利
事实标准模式	因成为行业标准而盈利
品牌模式	依赖客户信任获取利润
专业产品模式	通过引进新产品获利
本土领导力模式	集中在特定区域获得支持
交易规模模式	通过固定成本提高交易规模
价值链控制点模式	重点投入高利润的价值活动
周期盈利模式	从事周期性的商业活动
售后模式	通过售后服务盈利
新产品模式	在引进初期确保利润
相对市场占有率模式	通过规模经济减少固定费用
经验曲线模式	通过经验熟练化降低成本
低成本商业设计模式	用低成本实现同样的效果
数字化模式	用数字化替代模拟信号盈利

九问④：谁——从谁那里盈利

创造可盈利客户：思考"从谁那里盈利"

没有品牌影响力的公司在启动新的经济模式的时候，如果想从所有客户那里盈利的话，成功的概率就会极其微小。

因此，不要企图从"所有的客户"那里盈利，而要和"特定的客户"进行搭配组合，创建盈利机制。

例如，有一家经营自助餐的中国菜饭店。假如你在工作日的中午边走边想着找一家饭店解决午餐，于是看到了这家门口标牌上写着"中国菜自助餐每人1200日元"的饭店。于是你立刻进入该饭店，得到店员的接待并在了解了用餐说明后开始用餐。你发现在此享用午餐的其他食客大多是以家庭主妇为主的成年女性。

虽然用餐时间限定在90分钟以内，但是这个价格还包括各种饮料，饭菜本身也非常美味，只能说非常实惠。这种实惠的印象被鲜明地刻在食客脑海里，该中国菜饭店的评价就显著提高了。

过了几天，你晚上想吃中国菜就再次去了那家饭店，结果怎么样呢。你发现那家饭店的饭菜内容几乎没有变化，但是到了晚上价格就变为了每人2500日元。环顾了一下食客，发现商务人士居多，他们似乎将这里当成了居酒屋。于是你总觉得哪里不对劲，就从这家店里走出来了。

又过了几天，这次你决定周日的下午去吃个便餐，去了一看，价格是每人2000日元。这次想着就这样吧，于是进店坐了下来，发现店里很热闹，似乎都是以家庭为单位的聚餐。

未上小学的孩子免费，孩子们吵吵嚷嚷，环境十分嘈杂，你不习惯在这样的环境里就餐，于是再次走出了这家饭店。归家途中，看了一眼周六日的饭菜价格单，晚餐居然是每位3000日元。你打听了一下，据说即便是这样的价格，晚餐时店里依旧会挤满很多以家庭为单位聚餐的食客。

虽然是同一家饭店，但是根据工作日、休息日、白天和夜晚不同时间段招待不同的食客。饭菜内容一样（成本价相同），但是价格不同的做法，形成了不同的顾客群利润率不一，盈利和不盈利的顾客共存的状况。

对于这种情况，即便是查阅那些汇总了长期营业额数据的财务报表也搞不明白，据说主要是因为将一周中的不同日子和时间段的顾客混同起来开展经营活动。

我们从以上案例可以看出，盈利的企业会有意识地预先设想好盈利的顾客和不盈利的顾客。这在给予顾客相同服务的时候更加明显。

通过区分顾客来获取收益，并不难做到。其实就是"提前选择从哪些顾客那里赚钱和从哪些顾客那里不赚钱"。决定了这些之后再计算利润的话，就能够以全然不同的竞争方式和竞争对手展开竞争了。

由不盈利顾客带来盈利顾客的所谓"混合顾客"

这里的"不盈利"并非意味着亏损。根据情况不同，虽然它也有亏损的含义，但其基本含义是"即使没有达到企业必须的基本利润水准也可以"。

企业一般会有一个基准，即"出售某产品希望得到一定百分比的利润"。超过该基准就意味着盈利，在该基准之下就没能盈利。

通过能给企业带来利润的顾客和不能带来利润的顾客的组合来创建利润的群体就称之为"混合顾客"。

那么从谁那里盈利呢？这是此处的一个提问。

在服务业中能够明显看到的战略是将孩子设为非盈利群体。例如电车以及滑雪场的索道费用有儿童优惠，电影院也会制定儿童优惠票价。这都表明公司不打算赚孩子的钱，虽然孩子得到的服务都是一样的。

那么带着家人一起消费的群体就是非盈利的顾客群体

吗？完全不是那么回事。实际上大多数情况下是孩子带来了家长群体的消费。

也就是说在顾客价值方案中的"谁"是指和家人一起出现的群体，而带来利润的"谁"则是成人。

电影行业也是如此。《宠物小精灵》《名侦探柯南》《海贼王》，还有吉卜力作品都占据着日本电影发行收入排名的前列，这些作品虽然是针对孩子的价值方案，但都是从同行的成人那里获取利润。

游乐园和主题公园也是如此。

虽然得到的服务都一样，但是顾客价值方案的"谁"是孩子，孩子们会央求大人带着去消费，所以，只需要从成人高额的票价中获利就足够了。

之前提到的自助餐形式的餐厅可以说也是这么回事。孩子和成人享受同样的服务，但饭店不会从孩子身上赚钱。饮食产业中的拉面店等也是如此，完全看不出来从孩子身上赚钱的意思。例如，菜单中会推出"儿童拉面套餐"，将拉面的量减半，配上果汁、甜点，甚至还赠送玩具，价格却只有190日元。这样的话的确不会赚钱，但是能讨得孩子们的欢心，再加上便宜的价格，会受到有孩子的家庭的欢迎，得到很高的评价。

收取成人的费用，因此"成人为了孩子慷慨消费，合计起来就是利润"，该盈利构造完全可以成立。也就是说成人和孩子构成了混合顾客。

那么除了成人和孩子之外，混合顾客又有什么其他不同形式呢？

例如，有些派对会对女性优惠，男性全价。这是一种不赚女性顾客的钱，从男性顾客那里赚钱的做法。据说这是联谊会和相亲派对中非常常见的一种做法。最近为了吸引女性，甚至出现了女性免费参加的商业活动。

综上所述，之所以设定不盈利的顾客是因为不盈利的顾客会带来某些盈利的顾客。

设定谁是盈利的顾客、谁是不盈利的顾客，最终是否会形成混合顾客——这些都是我们在思考利润的"谁"方面非常重要的视角。

九问⑤：什么——用哪种产品盈利

"先损失后盈利"的混合盈利

如果你的公司经营着多种产品和服务，那么你会通过某种产品或服务来盈利，还是从"所有的产品和服务"中来盈利？

这个问题和"从谁那里盈利"是一样的，如果想从所有的产品中来获取利润，商业活动往往会发展得不顺利。

几乎所有新成立的企业或者新开展的商业模式都会采取"先损失后盈利"的方式，甚至会采取将最吸引人的产品降价到极限或者免费提供的商业模式。

思考并策划盈利机制的公司会将以上方式进行组合之后合计分散利润来产生最终利润。下面我们就一起来探讨一下。

企业会为顾客提供一系列产品和服务作为回馈，以接受相应的付款。从中减去各种成本得到的就是企业应得的份额（利润）。这是商业活动中最普遍的流程。

商家一般都会给每个产品设定利润率，在出售的时候获取相应的利润。例如，成本价 700 日元的产品为了确保得到 30% 的利润率会加价 300 日元[①]，最后售价 1000 日元。

但是，即便每件产品不一定都收回利润，最终企业也有一套可以盈利的方法。

---

① 这里的利润率根据日本利润率算法得出，即利润率＝利润/营业额 ×100%。——译者注

那就是不管某件产品或服务是否盈利，将其组合起来，从整体上确保一定的利润率（额）的方法。

具体来说就是：**某件产品（服务）虽然没有达到事先设定的利润率，但是其他产品（服务）超过了事先设定的利润率，最终将其组合起来从每位顾客身上得到了想要的利润率。这就是"混合盈利"。**

例如牛肉盖浇饭连锁店。该行业竞争已经达到白热化，在每份200日元左右的价格上进行着激烈的竞争。在这种状况下，仅靠一碗牛肉盖浇饭难以确保利润。因此，就要依靠吃牛肉盖浇饭时需要搭配的小菜、味噌汤或者鸡蛋来盈利。由于这些附加菜的利润率很高，整体上牛肉盖浇饭连锁店可以维持经营。

也就是说，这是一种提前决定好不盈利的产品和盈利的产品，依靠其组合最终盈利的做法。以下就来介绍一下该方法的各种实际应用。

由超市的热门产品带来的混合盈利

通过不同盈利率的产品服务的组合最终从某位顾客那里获取利润，这种做法在之前介绍的牛肉盖浇饭连锁店的事例中可以看到，除此之外在其他地方也会以各种各样的商业模式来体现。

超市会将盒装生鸡蛋作为拳头产品登载在广告宣传单上，但是仅仅靠该产品不会盈利。超市希望以生鸡蛋为引子吸引顾客购买其他产品，最终通过收款台的时候，以所有产品的成本价和购买金额来创造和达到一定利润率的利润额。

例如，顾客想要今晚吃寿喜锅，于是出门去超市采购。在鸡蛋特价的超市里购买了一盒鸡蛋100日元、蔬菜600日元、牛肉200克1500日元。此时产品的成本价分别是鸡蛋90日元、蔬菜380日元、牛肉750日元，即毛利润率分别为10%、37%、50%。让顾客组合起来一次性购买这些产品对于超市来说非常重要。也就是说特价的招牌产品盈利少，有时宁可受些损失，但要依靠其他产品好好赚回来（见表10–2）。

表10–2　贯彻招牌产品不盈利方针可以获利的商业模式

	盈利服务（产品）利润高	不盈利服务（产品）利润低
游戏商业	游戏软件	硬件设备
拉面馆	米饭	拉面
牛肉盖浇饭店	鸡蛋、味噌汤等的附属菜单	牛肉盖浇饭
打印机	墨盒	打印机本身
汽车销售店铺	机油置换、修理等	汽车本身
体育用品零售业	维护用品	高尔夫俱乐部以及滑雪板等大件产品
汉堡店	饮料和薯条	汉堡

续前表

	盈利服务（产品）利润高	不盈利服务（产品）利润低
快时尚	功能性内衣	外衣及夹克等
手机通信业	通话费	手机本身
检索网站	广告费、信息费	检索服务（免费）
NESPRESSO（奈斯派索）胶囊咖啡机	咖啡	咖啡机本身

通过将这些产品组合起来的方式吸引顾客购买。通过这样的"先损失后盈利"的产品组合来赚钱的方式就叫作混合盈利。

百元店和居酒屋中的混合盈利

最容易被大家理解的就是通过均一售价所体现出来的混合盈利，也就是百元店的商业模式。仔细看了一下最近百元店内的产品陈设，发现大多数产品的售价仅为100日元的产品，价格低得超出了人们的想象。

小零食之类的售价为100日元倒是可以理解，但智能手机的充电器、个人电脑相关小配件或者老花镜之类的产品售价竟然也是100日元。

无论怎么想这些物品的成本价都不会一样，也就是说，不同产品种类的毛利率应该也不一样。但是最终结账的时候，计算出来的产品成本价合计和售价合计的比例会维持在一定数值以上，肯定能够盈利。

另一个让我印象深刻的就是居酒屋。位于大阪的鸟贵族居酒屋，设定料理统一价格为 280 日元（不包括消费税）。从圆白菜到啤酒、鸡肉串一律售价 280 日元。

当然，这些产品的毛利率相差很大。据报道"鸟釜饭"的毛利率为最低。仅仅花费 280 日元就能够享受到用真材实料做出来的美味釜饭这也太超乎想象了，而这是鸟贵族居酒屋菜单中最出名的一道料理。

但是不用担心。只要是卖烤鸡肉串的居酒屋就不会只出售"鸟釜饭"一道菜。基本上还是烤鸡肉串最畅销，而且喝酒间隙一定会点圆白菜和黄瓜等配菜。这些辅助菜品据说毛利率相当高。结果，当结账时每人都会消费大概 3000 ~ 4000 日元左右。将成本价加起来大概平均都会达到事先所设定的目标毛利率。

综上所述，将所有产品设为均价，将不同毛利率的产品组合起来盈利的做法，在我们思考用什么来盈利的时候更容易理解，并且会给予我们很大的启示。

通过组合方式创造目标利润

没有任何限制条件的购物，有时无法实现混合盈利。例如刚才提到的百元店，有可能顾客只买一些特别划算的产品。或者如果超市里的鸡蛋特价，那么有些顾客会只买鸡蛋这一种产品。

为此，超市里往往会加上一些购买限制，例如"每位顾客限购一盒"或者"适用于总购买额1000日元以上的顾客"等。

但是这样一来也存在好不容易设置出来的混合盈利模式无法顺利进行下去的可能性。顾客在感到划算之后，如果还认为"什么呀，结果竟然这样……"的话，也就是说盈利的产品和不盈利的产品的组合在顾客面前被暴露出来的话，混合盈利就无法实现了。

为此，超市会推荐一些在做晚饭时制作某种特定料理的建议和方案，让顾客采购该料理的食材，从而诱发混合盈利。

例如先前提到的寿喜锅就是如此，也可以推出汉堡包肉饼或者炒面的主题宣传活动，将招牌产品（不盈利的产品）和其他产品一起摆放在一个地方让顾客集中购买，从而确保最终利润。

在烤鸡肉串店和居酒屋，即便不设置任何限制条件，顾客一般也会点各种其他饭菜，从而实现混合盈利。

就算再划算，一般也很少有顾客只点同一种菜或者只喝同一种饮料。这是一种比较容易实现混合盈利的商业模式。

还有，麦当劳这类出售汉堡的餐厅会明确制定一系列套餐来实现混合盈利。与汉堡相比，饮料和薯条等的利润率应该更高。将这些都提前设置好，通过降低一定价格在实现混合盈利的同时，在顾客每次付款之际就创造出了目标利润。

第一部分介绍的牛肠火锅店就正是这种使用混合盈利方式来赚钱的案例。如果和居酒屋来竞争的话，980日元的牛肠火锅对顾客具有十足的吸引力，但却不怎么赚钱，因此依靠吃完火锅后收尾的火锅汤汁煮菜粥来盈利。

虽然是冷米饭和生鸡蛋，但利润率却设定得高得惊人。通过将最后火锅汤汁煮菜粥打造为招牌菜，在宣传牛肠火锅的美味和廉价的同时也能够通过混合盈利实现利润回收。

九问⑥：怎么做——在什么时机盈利

在"谁"和"什么"中添加"时间轴"

之前为大家介绍了通过不符合常规的方式，即不从所有的顾客那里盈利以及不依靠所有的产品盈利的方法。下面将再添加一条时间轴，使"盈利的空间"具备时间的纵深维度。

所谓时间轴就是指"同时"或者"时间差"。将其分别加在"谁"和"什么"中，可以进一步认识到不同的盈利方法。

"同时"就是指在商业活动启动之际就可以盈利。就像通过每一次支付（结账）就能够盈利那样，里面组合交织着费用、产品和服务。请大家想想之前讲过的动漫电影和牛肉盖浇饭连锁店的案例。通过每次的结账就可以获取利润，这属于"同时模式"。

在此之上通过添加"之后"要素，盈利方式便具有了时间的纵深维度。

在开启商业活动之时不可能即刻盈利。最开始要接待那些不盈利的顾客，或者最开始会出售那些不盈利的产品。在初期要忍耐。

当产品普及到某种程度，或者市场初步形成后，再开始做盈利率高的买卖。

同时是当下时刻的组合。在之前介绍的混合顾客和混合利润中，都没有设定时间概念，我们脑中一直认为是同时创造产生利润。

如表 10–3 所示，通过加上时间要素，就可以将盈利分布在未来整个时间区域。

表 10–3　　添加时间轴后的盈利方式的典型例子

	同时	之后
从谁那里 （不从全员那里盈利）	混合顾客 （通过组合盈利）	广告模式 （从第三者那里盈利）
依靠什么 （不依靠全部产品盈利）	混合盈利 （通过组合盈利）	剃刀和刀片模式 （通过解决顾客待办任务盈利）

例如，针对产生 A 盈利的主要产品，将补充产品的盈利分别设为 B、C、D，每次结账时让顾客购买补充产品，这就是之前介绍的混合盈利的做法。

或者将 A、B、C、D 看作不同盈利水平的顾客的话，就形成了混合顾客。不管怎样，这是一种组合后同时盈利的做法。

与此相对照，"之后"是利用了"时间差"的产物。因此便如图 10–2 所示将盈利分散排列在时间轴上了。

例如，**如果是混合利润的话，现在就从主要产品中获取盈利 A，未来从补充产品那里逐渐回收盈利 B、C、D。**

或者将盈利 A 看作从特定的不盈利顾客身上获取的利润，

那么所谓 B、C、D 这种从盈利顾客身上获取的利润就会在未来整个时期通过混合顾客的形式产生。

综上所述，在迄今为止产生利润的"谁"和"什么"的方案中，在"怎么做"中通过添加时间轴，便可以在创建新的盈利机制上拓宽思维的幅度，并且通过该种方法几乎可以解释说明所有的盈利机制（见图 10–2）。

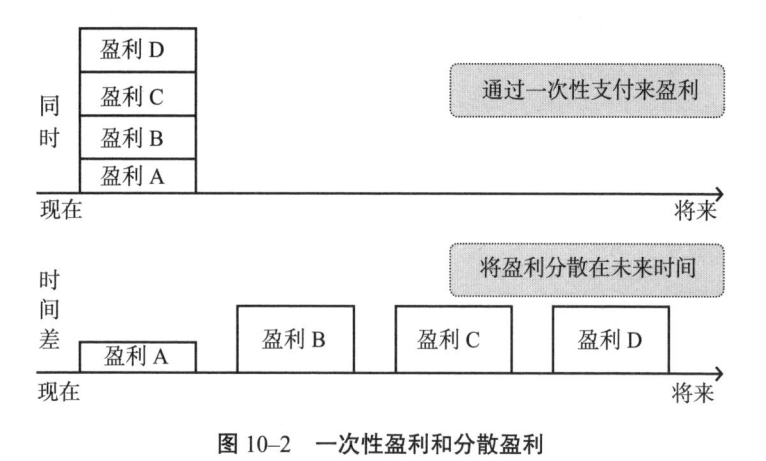

图 10–2　一次性盈利和分散盈利

"从谁那里" × "之后"的盈利方式

多数网站制作相关企业会采取"广告模式"来盈利。

这里的盈利顾客不必多说就是指支付广告费用的赞助商。用户可以免费使用服务。当该服务得到人们的认可之后，用户数量就会增多，也就是说，通过张贴广告等行为从广告主那里收取广告费来盈利。

该方式很早之前就在日本的广播电视行业中被采用。靠中转站发射电波的无线电视台的运营采用的就是典型的广告模式。用户可以免费收看优质的电视节目内容，而电视节目内容制作费则由广告主来承担。

电视台通过在节目播放期间插播的电视广告收益来支付节目制作费。最终广告主期待一部分用户通过观看广告购买其广告产品。

而网站制作相关企业则通过互联网来实现以上运营模式。

例如，我们为什么能够免费使用 Google 提供的优质服务？Google 文件等应用程序丝毫不逊于市场上销售的文字处理和图表计算软件，却可以免费使用。Google Earth 和谷歌导航地图等功能强大且实用性强的应用程序也都免费向用户提供。

正是由于广告主的存在才能够支撑以上种种免费行为。而网站制作公司也可以拿到广告收入，因此我们可以不花一分钱就能享受到优质的服务。

2012 年，运营社交网站的 Facebook 公司上市，引起众多关注。该公司就是采取了事先设定积累一定数量的用户后通过广告模式来盈利的方式，最终得以成功上市。但是在上市后的季度决算中，并没有达到投资者所预想的广告收入，于是，投资者开始不断卖出股票，导致股价下跌（据《日本经济新闻》2012年7月28日朝刊报道）。

那么Facebook公司到底哪里做得不好呢？这是由于它们虽然采取了广告收入盈利模式，但是没能将广告宣传做到让用户随处轻易可见的程度。

几乎所有的Facebook用户都在使用智能手机等移动设备。这样一来就失去了张贴广告的空间，结果导致没能很好地到处刊登广告。因此，广告主们就会对利用Facebook做广告产生了质疑，从而取消了在Facebook上登载广告。

综上所述，无论用户数量多么庞大，但是也不能轻易采取广告盈利模式。我们需要将与用户的接触点和盈利方式巧妙地融合起来。

"用什么产品"×"之后"的盈利方式

用时间差将"混合盈利"分散到不同时间段的产品有多种多样。大家会联想到什么产品呢。

最出名的就是"剃刀和刀片模式"的案例。当时由于临近破产，美国吉列公司开始自暴自弃甚至开始免费向消费者发放剃须刀，但是之后却凭借免费发放的剃须刀的可替换剃须刀片盈利了，从而声名远扬。因此该种盈利方式也被称作"剃刀和刀片模式"。

当今，最容易让大家想到的具备以上关系的产品就是打印机和墨盒。**这是一种与其说是通过产品本身，不如说是通过在使用该产品过程中伴随的补充、消耗品来获取巨额利润的盈利模式。**

这种情况下，一般的思路为：将现行导入利润的产品的价格设定得比较低，从而让消费者普及使用。然后通过使用该产品时必须配备的附属品来赚取利润，最终达到盈利的目的。

日本初期引进该盈利方式的有任天堂的家庭用游戏机（也就是 Famicom，简称为 FC）。该游戏机本身价格比较便宜，主要依靠软件（ROM 卡带）来盈利。这是一种"先损失后盈利"的做法。

汽车销售公司也属于类似的盈利模式。与其说是向消费者出售新车，倒不如说是依靠购车之后的维修保养服务来盈利。还有复印机和电梯等产品也是如此。

最终凭借"时间差"产生的附带服务最终成了盈利的源泉。

利用"之后"的时间差模式时在财务上的注意要点

"时间差模式"正如其名，不会立刻带来收益。在一系

125

列的基础准备和契机创造活动结束后才能够获得收益。为此一旦采用该种盈利模式，在商业模式启动后的一段时间内并不会产生利润。根据情况的不同也要必须做好亏损的思想准备。

如果决定采用"时间差模式"来盈利的话，在财务上就必须提前做好以下准备：

- 其他的收益来源；
- 准备好承受无收入状态时的资本储备，或者找寻资助者。

如果公司确定了新的商业模式，并准备将其用于现有的新项目来运营，并且依旧能够从旧有的经营活动中得到其他的收益来源，那么暂且没有问题。但是对于资本薄弱的市场挑战者企业来说，这种情况往往不存在。

此时，就必须提前准备好上述第二点所提到的资本储备。具体来说就是要在积累了充足的资本金额之后再启动新项目。

但是这样一来就会失去商机，因此，需要得到资助者充分的理解，促使其筹备好一定资金来支援。如果公司向资助者明确阐明了自己所要从事的商业活动的话，也可能进一步筹集到追加资金。例如，一无所有的网站制作相关风险企业在启动新的商业活动时正是采用这种筹集资金的方法。

如果不具备以上所说的两个条件，就必须停止采取"时间差模式"。

此时，可以在初期运用"同时模式"启动其他的商业活动，等到项目开展状况逐步稳定并走上轨道之后，再启动之前想采取的"时间差模式"的商业活动。正是因为时间差模式花费时间，所以需要在具备了其他收益来源之后再启动，可以说，这样做才是上策。

11

用正确的方法创建盈利方式

确认盈利方式的逻辑

让我们回顾一下之前所讲的内容。可以看到，关于如何盈利的方式逐渐清晰地浮现出来了，将其归纳后如表11–1所示。

关于从谁那里盈利这一点，要提前决定是从所有的顾客那里还是从与不盈利的顾客的组合（混合顾客）那里赚取利润。此时，必须明确不盈利顾客到底是指哪些顾客，并且不盈利顾客承担着怎样的作用。

关于靠什么来盈利这一点也必须提前明确，是**凭借所有的产品盈利还是凭借和不盈利的产品的组合（混合盈利）来赚取利润**。此时需要决定好**不盈利产品到底是指哪些产品，承担着什么样的作用**。

最后，要决定在哪个时间点盈利，是同时盈利还是按照时间差来盈利。

如果是按照时间差盈利的话，需要计算到最后获取利润为止需要花费多少时间，并必须将其反映在商业计划当中。如果不那样做，资金筹备就会面临窘境，在盈利之前或许就会倒闭。

用本部分中介绍的方法整理了之前讲过的商业案例后，便形成了表11-1。

表11-1　　　　　　　盈利方式的逻辑

	变化形式	探讨事项
从谁那里	所有/混合顾客	・从谁那里盈利 ・不盈利顾客的作用是什么
用什么产品	所有/混合盈利产品	・从什么产品那里获利 ・不盈利产品的作用是什么
时间轴	同时/之后	需要多长时间才能开始盈利

虽然以上这些都是我们经常能看到的盈利方法。但是我觉得不要把这些盈利方法仅仅看作一种单纯的商业模式，而是通过结合本部分中介绍的谁—什么—怎么做要素，进行重新组合和架构，这样才更加有意义。

并且该表中应该引起我们注意的点为：当下受欢迎的商业模式的盈利方式并没有采用以前正统的谁—什么—怎么做盈利方法，即对所有的顾客凭借所有的产品来同时获得收益的方法，那么请思考一下你的商业模式是怎样的呢？

如果和"旧有"的方式相同，通过改变思考方法，或许就能够直接改变整个盈利结构。

对当下流行的盈利模式的解释和说明

关于盈利有一个重要的关键词。

例如免费增值模式是一种**最初免费提供，伴随顾客数量的成长开始收费的模式**。这种模式不针对"所有顾客"，而是拥有一定的"收费主体顾客"，"之后"再进行收费变现，相当于表 11–2 中的免费游戏。

除此之外也有"广告模式"，例如检索网站的商业案例。

还有所谓的"多元组合模式"的盈利方式。就像表 11–2 中介绍的那样，**相同的东西以另外一种形式出售，创建盈利点**。

例如，可乐饮料并不通过超市销售和零售的方式盈利，而是通过和酒店、饭店等法人交易来获取利润。由于单价相差很大，通过后者出售，制造商也有赚头。这就是所谓的"所有产品＋通过服务业来提供＋同时（组合）"的形式来获取利润。

综上所述，以上介绍的利润设计方法里面包含了足以说明各种各样不同的盈利模式的构成要素。

表 11–2　　　　　　　第三部分中介绍的案例

	旧有的盈利方式	免费游戏	牛肉盖浇饭	动漫电影	检索网站
从谁那里	所有（顾客）	所有	所有	成人	广告主
用什么产品	所有（产品）	游戏道具	辅助菜谱，例如生鸡蛋	所有（电影）	所有（广告）
时间轴	同时	之后	同时	同时	之后

将顾客活动链和盈利方式结合起来进行考虑

以上介绍的关于利润的谁－什么－怎么做，自身形成了一个完整的体系。如果之后在该利润体系形成的商业模式中随意改动某个部分的话，就会很危险。当然也有修改后非常契合的时候，但是大部分都需要同时调整顾客价值和实际操作。

盈利的终极王道是在成本价上加上利润，也就是每件产品在每次的购买过程中都会产生利润的方法。因为那样的盈利方式会带来确定的利润，所以可以说是最有效的盈利方式。

但是此种方式只适用于大型企业的且充分被差异化的优质产品和服务。即便长远来看此盈利方式是今后的目标，但是对于那些没有品牌影响力的市场挑战者企业来说，采取该盈利方式很费时并且难度相当大。但在达到该目标之前，企业也不能坐以待毙出现赤字经营。

因此，市场挑战者企业需要运用逻辑思维制定出各种各样的盈利方式。这里介绍的用于设计利润的谁–什么–怎么做就是为了盈利制定出来的决策框架。

那么，现在我们就将以上介绍的盈利方式和顾客价值方案结合起来，一起逐步向最优的商业模式升级吧。也就是在第三部分的图 8-2 中展示的顾客的活动链中找到产生利润的机会。

请再看图 8-2。这是顾客为了解决自身的"待办任务"的一系列连续的活动，它是一种标准的形式。

出售产品获利的王道模式实际上就是购买时刻的收费。 像前面介绍的那样，**通过补充产品盈利，或者一段时间之后盈利，是在购买之后的活动中收费**。产品升级也是属于"依靠补充产品时间差"来盈利。

另外，**即便是在购买的时刻盈利，也可以设想出将不盈利顾客和盈利顾客组合搭配起来的情况**。总之，无论如何，如果能在顾客活动链上定义盈利方式的话，就会形成商业模式的原型。

将顾客活动链与用利润的谁–什么–怎么做制作出来的盈利方式图组合起来并同步后就形成了图 11-1。

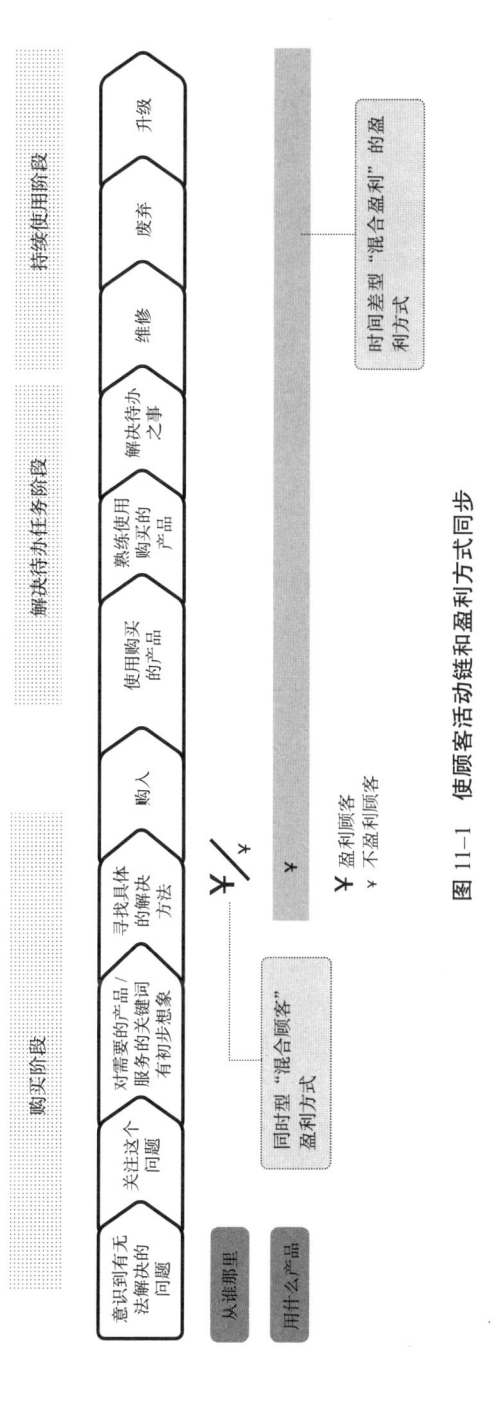

图 11-1 使顾客活动链和盈利方式同步

例如，在购物过程中和两种不同类型的顾客交易时，分别用图中的"￥/￥"来表示。小￥代表不盈利顾客。购买之后产生的混合盈利同样也是采用了"购入时不盈利，购入之后盈利"的做法。

重要的是要将顾客活动链和盈利方式结合起来考虑。无论怎样绞尽脑汁设计混合盈利，如果不能真正解决顾客待办任务的话就无法成立，也就是说仅仅考虑利润会变成纸上谈兵。

为了达到在解决顾客待办任务的同时被顾客感谢并能够盈利的理想状态，企业必须具备融合顾客和利润的逻辑思维。

例如 DeAgostini 公司的商业模式，就是配合顾客完成模型的速度和节奏，以时间差来发售模型部件，从而获得利润。其发售的创刊号并不盈利，而是让顾客一直购买到最后一期来获得利润。

顾客或许在模型做到一半时便放弃了，在管理该风险点上，企业采取了让顾客价值和利润创建方法同步的模式。

还有，SPIDER 公司采取了在硬盘录制器中编入定额收费制的模式，该种商业模式也非常令人感兴趣。

即便一眼看上去是定额收费制，之后不可能再收费，但是如果能重新找到对顾客的服务要素的话也会产生继续收费的可能性。

另外，免费游戏等商业模式也并非特殊的创造利润的方法，而是一种将盈利和顾客价值巧妙同步后的商业模式。

凭借一个游戏如何持续产生利润呢？这种形式可以说是通过将游戏和顾客的生活方式同步起来获得成功的商业模式。

以上商业案例的具体内容将在第七部分中揭晓。

请大家充分利用、参考这些把利润设计和顾客价值方案巧妙同步起来的案例，并借此拓宽自己的思路吧。

小结：利润设计的要点

POINT 1 不从所有的顾客那里盈利

POINT 2 认识到想要的基本利润水准是多少并通过合并计算来实现

POINT 3 试着设定不盈利顾客

POINT 4 不从所有的产品和服务中盈利

POINT 5 试着设定不盈利产品和服务

POINT 6 所有的交易中不追求立刻盈利

POINT 7 试着思考通过时间差来盈利

プロセスを構築する

第五部分

构筑实际操作过程

12

自己操作还是与外部合作

制订的方案是否能够顺利实施

讲到这里，我们已经决定了顾客价值的方案和利润的产生方式，之后就只剩下构筑实际操作过程了。这部分将对"九问"剩余的三个项目，即"如何构筑实际操作过程"进行具体分析和探讨。

即便关于顾客价值和利润的谁–什么–怎么做内容都相同，如果其最终的实现方式也是关于实际操作的谁–什么–怎么做内容不同，那这种差异性就会成为每家企业独具特色的地方。因为实际操作不同也会形成不同的商业运作模式。

如果具体描绘了顾客价值、利润的蓝图，那么之后在实践中该如何顺利地实施呢？单纯的一张设计蓝图形成不了完整的商业运作模式。为了能够实现设计蓝图，我们需要将设计蓝图立体化，考虑一些具体实际的操作问题。这就是接下来要介绍的实际操作的问题。

在实际操作过程中找出优势

首先，对于顾客价值的方案和利润创建，需要有与之相对应的实际行动，也就是说关于和顾客价值、利润相关的六个构成要素（谁－什么－怎么做）该如何一一实现。

其次，在这些实际操作过程中，要明确自己公司在哪个部分能够发挥哪些优势。此时，如果反过来清楚自己的弱势（不足之处）的话，就必须选择并决定能够弥补该弱势的合作伙伴，也就是和某个人或者公司合作。

这样一系列的操作就形成了"实际操作中的谁—什么—怎么做"。

另外，关于顾客价值和利润，基本上是按照谁、什么、怎么做的顺序来设计的，但是关于实际操作，要按照怎么做、什么、谁的顺序来进行设计。

九问⑦：怎么做——实际操作是怎样的

从顾客价值、利润到实际操作

企业在把价值传递给顾客之前会运作各种各样不同的商业活动。这些商业活动并不是单独存在的，我们必须将其串联起来考虑。从企业的视角来解释，提供顾客价值的过程就相当于"实际操作",也就是一系列商业活动的连锁运作。它体现了被称作价值链的商业活动的整个运作过程。

当然,所有这一切都是由多种商业活动构成的。

例如滑雪场的顾客价值方案,假如是"用适当的价格提供逃离日常的轻松感",那么所有与客人接触的部分都是重点活动。例如索道乘坐券的销售场所以及饭店的接待、饭菜、清扫、停车场的引导等,都应该成为企业非常重视的活动。

如果是制造业,不仅仅是制造部分,也需要把服务部分加进去来综合考虑一系列连续的商业活动。例如前文提到的3D电视的案例,就体现了日本国产电视制造厂家的不足之处在于,对后续的售后服务部分的考虑不同。

企业在实际操作中的关键问题在于:**在顾客解决待办任务的整个过程中,公司要决定在该过程参与和覆盖多大的领域范围。**有一些必要的部分单靠自己公司的力量覆盖不到的话,那就必须借助和外部伙伴的合作,或者靠自力更生来逐步培养。

无论如何,实际操作是一系列连续的活动。为了完成所有的活动,公司不必自己从头到尾亲力亲为。规模越小的公司越应该借助外部的力量。为此需要分析自己公司的优势在哪里,能够做什么,之后选择并决定弥补自己弱势的合作伙伴。

请看图 12-1，首先决定向顾客提出什么样的方案，以及如何凭借该方案盈利，之后再决定如何在实践中实现，这在创建整个商业模式方案中非常重要。

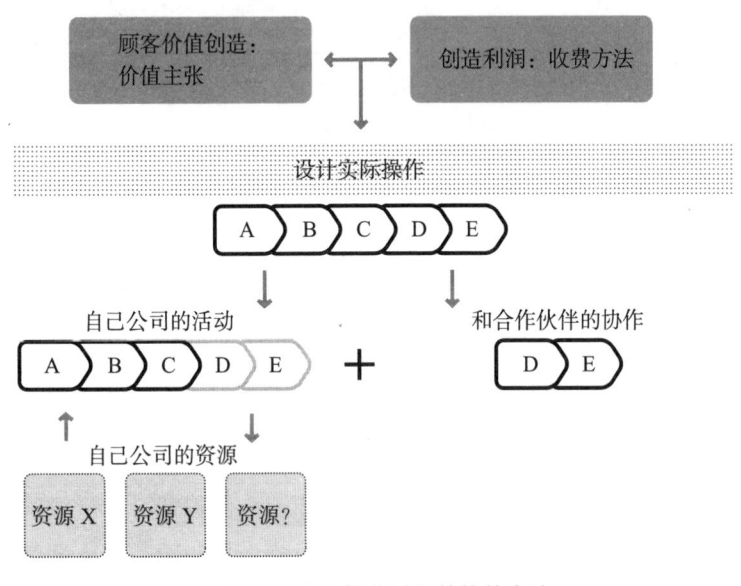

图 12-1 实际操作过程的构筑方法

设计整个实际操作过程是为了提出更加便利舒适的生活方案

在设计顺序时，首先列出将价值方案传达到顾客那里所需的所有活动，这并不是一项简单排列自己公司能够做到的活动的工作。顾客在解决待办任务的时候会有怎样的一系列连续活动，请参考第四部分的图 8–2 所展示的内容。

我们要明确在顾客为了解决待办任务的"活动链"（见图 12–2）中企业能够给予怎样的支持和协助。为此，**最有效的方法就是一一对应顾客活动链来设计并列举相应的企业活动。**

活动链从顾客自身意识到有无法解决的问题开始。之后关注这个问题，在脑海里对需要的产品 / 服务的关键词进行初步设想，最后寻找具体解决方法。

在购入阶段，顾客会花费相当多的搜索成本。所谓搜索成本就是为了解决待办任务所花费的调查成本，或者在购入产品时，为了调查"在哪里能够买到""放置在哪里为好？"等事项所花费的精力和劳力。比如为了解决待办任务，不知道该如何找到最合适的产品，从而踌躇不前，不知所措。

当我们用检索网站搜索的时候会思考应该输入什么样的关键词。搜索成本就是我们为了找到最佳解决方案花费的精力和承受的心理负担。在这方面，企业能够以什么样的活动来支援顾客呢？并且，在购入产品和服务后的"解决待办任务阶段"，企业又能做些什么活动支援呢？

在继续解决该待办任务所谓的"持续使用阶段"时也会思考同样的问题。例如，在前面的 LG 电子的 3D 电视的案例中，它们采取了开展 3D 画像放映服务的支援活动。这些

这才是生意人的赚钱思维

购入阶段 / 解决待办任务阶段 / 继续使用阶段

意识到有无法解决的问题 → 关注这个问题 → 对需要的产品/服务的关键词有初步设想 → 寻找具体解决方法 → 购入 → 使用购买的产品 → 熟练使用购买的产品 → 解决待办任务 → 维修 → 废弃 → 升级

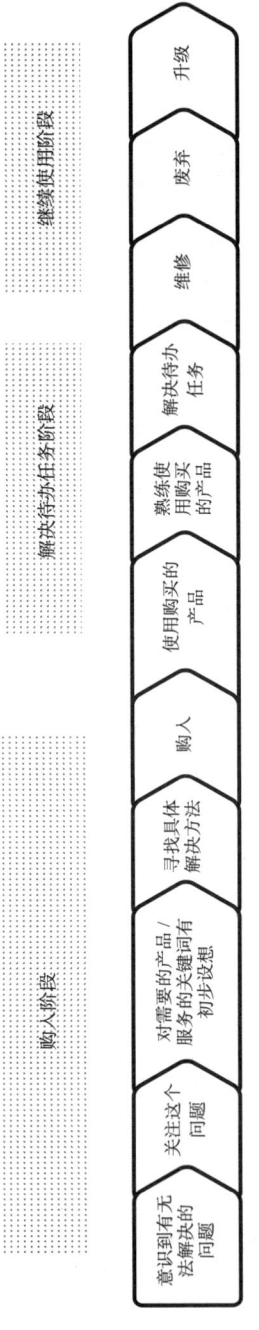

图12-2 顾客的活动链

144

就可以称为在持续使用阶段的支援案例。

如果产品制造商、零售业或者服务业都参与到这些支援活动中，大家一起努力为客户提供方便生活议案会怎样呢？如果以这样的视角来考虑并设计整个实际操作过程，这项工作才具备了一定的意义。

从产品制造商的角度来看，需要制作出顾客能够顺利解决其待办任务的产品，最终以适当的价格，并结合一定的宣传提供给顾客。如果不这样做，就不能将顾客脑中预置的"关键词"引导出来。

产品制造商还应该预想到顾客使用的场景、解决待办任务的场景，这样才能够设计出更加合适的产品。也就是说要在产品设计中进行周到的考虑，让顾客在使用时省去不必要的麻烦，然后再提供给顾客。

另外，还要预先设想好后期的维护保养以及废弃的便利性等问题，结合这些想法就必须准备一些必要的"节能"以及"回收服务"等活动。

但是仅靠产品无法充分传达以上这些信息，于是作为补充的合作伙伴身份的零售业登场了。

零售业的作用就是将产品制造商要传递的信息和顾客的问题意识衔接起来。如果能够胜任，不仅会收到产品制造商甚至顾客的感谢，成为实际操作过程中不可或缺的一部分。

企业方面的活动链必须以呼应顾客活动链的形式建立起来。不理解顾客的活动链，而单纯依靠企业方面自以为是的设想来组建活动链，不可能创建出良好的顾客价值方案，只能形成忽视顾客存在的"随心所欲的一系列活动的堆砌"而已。请大家一定要注意这一点。

JAPANET TAKATA 株式会社的活动链

那么，企业该以怎样的形式使其活动链与顾客活动链同步呢？让我们来看一个企业案例。

广为人知的日本电视购物巨头 JAPANET TAKATA 株式会社主要着眼于彻底解决顾客的待办任务，并结合这一目标展开了一系列连续的活动。

首先，它们在"意识到有无法解决的问题"阶段使用了人们平时最常接触到的电视购物媒体，并在信息构筑方面主要采用自由度高、自己公司亲自制作节目的形式，在邮购节目内容中通过介绍产品，让顾客自己能够认识到"应该解决的待办任务"。

也就是说，JAPANET TAKATA 株式会社的销售对象不仅包括那些自发意识到有无法解决的问题的顾客，还包括那些没有意识到有无法解决的问题的消费者，并通过产品宣传向该类人群呼吁生活方式的转变。运用该种方法勾勒并呈现出顾客应该解决的待办任务，是其节目制作最重要的要素。

其次，为了进一步支援顾客解决待办任务，该公司并不单独介绍某种产品，而是将其和其他各种相关产品组合起来介绍并销售。如果产品是电视，就会将录音机、电视架，甚至连需要的存储媒体、周边消耗品等一并介绍销售；如果产品是个人电脑，就会和打印机、数码相机、墨盒等组合起来一起宣传销售。

这样的一揽子销售方案对于顾客来说，就形成了一旦使用，就不需要追加购买其他产品的理想状态了。同时，公司也会通过同时销售一整套利润率不同的产品而总体获利。

再次，它们还做到了可以让顾客分期付款购买产品，加上"免利息"的营销手段，让顾客更加容易地购买产品。JAPANET TAKATA株式会社将原本应该由信用卡公司等承担的金融功能也作为自己的活动重点进行运作。这也成为其优势之一。

在顾客实际购入产品后的实际使用场景中，它们也会持续进行相应的企业支援活动链。例如个人电脑，为顾客提供安装设置服务，让顾客购入后能够立刻使用。不仅如此，最近该公司还开展了60分钟个人电脑基本操作课程的服务活动。企业明确掌握了用户完成待办任务之前的状况，并伴随开展各种相应的活动。

在持续使用阶段，JAPANET TAKATA 株式会社也开展了各种支援活动。例如在购置新的电视的时候，会伴随着如何处理废弃旧电视的麻烦和问题。据说老年消费者往往会因为这个原因放弃购置新电视的想法。于是 JAPANET TAKATA 株式会社采取了折价回收的形式来吸引顾客，为顾客提供优惠。这样就形成了顾客无法拒绝购买的理由，创建了非常充实的价值方案。

综上所述，JAPANET TAKATA 株式会社明确掌握和理解了顾客活动链，并将其和公司的活动链紧密结合起来，呈现出了各种各样的支持活动。

图 12-3 为 JAPANET TAKATA 株式会社在其网站主页上发布的活动。该公司甚至连电话接待（电话服务中心）以及配送业务这样一系列的活动也靠自己完成。

JAPANET TAKATA 株式会社贯彻执行了彻底的亲力亲为主义，形成了产生顾客价值和利润的实际操作过程。

该公司的经营理念为"通过物带给人们不同的生活方式和变化，致力于让我们的产品成为更多人的舒适生活的伙伴"。我们也可以从中体会到亲力亲为主义在其所有活动链中的渗透。

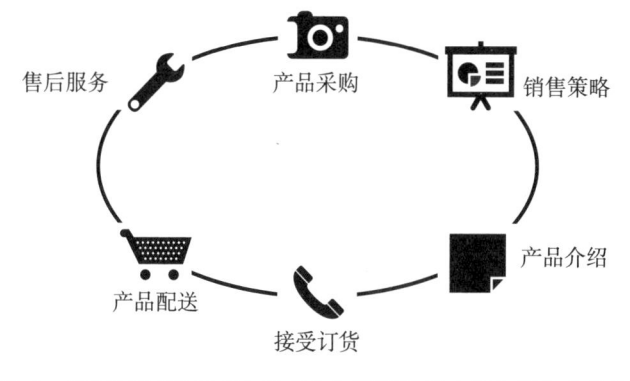

图 12-3　JAPANET TAKATA 株式会社的活动链（亲力亲为主义体制）

市场挑战者企业的实际操作过程设计

从 JAPANET TAKATA 株式会社的案例中，我们明白了如何通过更加贴近顾客价值和利润来组建实际操作过程，并且所有活动完全靠自己的力量实现。

最终，所有的活动链依靠自己的力量完成，这种方式毋庸置疑是一种最能够真正切实地提供价值的商业结构，但对于没有品牌影响力的市场挑战者企业来说，这样做潜伏着巨大的风险。

即便 JAPANET TAKATA 株式会社最初也并没有自己的节目制作录影棚，也没有承担电话呼叫中心和运送业务，而是伴随顾客数量规模的增大才逐渐接近其当下本该有的状态。

作为市场挑战者企业，即便是希望尽可能地贴近顾客的

活动链，也还是将自己公司能够有效实施的活动，或者今后有发展潜力的活动，和自己公司的优势结合起来集中承担才比较理想。

通过和值得信赖的合作伙伴一起合作来实现靠自己的力量无法兼顾的活动才是最有效的方式。

九问⑧：什么——在实际操作步骤中我们擅长什么

关键在于盘点自己公司的资源

自己公司最重视的活动是什么？不能够全权交付给外部合作伙伴的工作是什么？如何思考自己公司选择和从事活动的基准？回答所有这些问题的依据都在于要明确自己公司拥有的经营资源。

在设计实际操作的过程中，最重要的是盘点自己公司的经营资源。如同自我剖析一般，从分析优势和弱势开始着手。

优势是什么？如果一开始就进行定义的话，优势就是在实现价值主张的基础上，能够有效地实施各种活动。这可以具体化到经营资源中的各种物、金钱、信息。

例如，如果企业具备可以有效进行重点活动的资源，这就是其过人的优势。优势本身不会单独存在。说到底是在分解了顾客价值方案以及实现了其要实施的活动后才逐渐显现出来的。

判断优势和弱势的 VRIO 分析模型

分析自己公司的优势和弱势非常难。即便是自己问自己"优势是什么"，客观上也是难以判断的。因此，我们在这里介绍杰恩·巴尼教授提出的以客观判断为基础的 VRIO 分析模型。通过运用该模型就可以得到明确判断优势和弱势的方法。

V、R、I、O 分别是竞争优势源泉的经营资源特征的首字母：

- 企业内部拥有的资源和能力具有价值性（Value）；
- 资源的稀缺性（Rarity）；
- 难以模仿性（Inimitability）；
- 经营者或者组织（Organization）能够合理利用开发该资源。

当以上四点都得到满足的时候，这种资源和能力就会带来持续的竞争优势。

让我们分别来具体阐述。首先关于价值的问题，即该公司所拥有的资源能否为顾客的价值创造做出贡献。在大多数公司里，对于该价值提问时得到的回答都是"Yes"。

公司即便具备有价值的资源，有时也会遇到与自己拥有相同资源的公司。那么下一个提问就变得重要起来：现在能够有效利用该资源的是极少数公司吗？如果对于该提问的回答仍然是"Yes"的话，就会证明该资源的强大。

有价值并且具备稀缺性的资源如果想进一步成为优势，就必须难以被别人模仿。这里关于难以模仿的提问为："不具备该资源的公司，如果想要获得该资源或者开发该资源，需要花费巨大的成本吗？"越是难以模仿的资源，在竞争中越容易获胜。

如上所述，即便具备有价值（V）、稀缺（R）、难以模仿（I）的资源，如果没有充分有效利用该资源的组织方针或者手续不全的话，也不能够引发出持续的竞争优势。

这就引出了最后一个关于组织（O）的提问："该公司是否能够充分有效地利用该资源？"如果回答是"Yes"，那么该资源就是极为优质的资源。

这个理论原本是面向大企业设计出来的分析自身优势的理论。因此，它的分析对象是那些已经在从事某种特定事业活动的公司。当一家企业已经开始从事某项事业，需要探讨变革的时候，就可以利用VRIO中所有的项目进行自我分析。

另一方面，当市场挑战者企业要启动某项新事业的时候，由于几乎不知该从何入手，也不知如何开始，因此组织

（O）这一项就无法判断。

所以，**在启动新事业之际，只需要判断其具备的资源是否适合 V.R.I**。如果三项都判断为"Yes"的话，可以暂且认为该资源具有优势。

图 12-4 是将 VRIO 分析模型简易化的一个工具。

针对顾客的价值方案

VRIO	①	②	③	④	⑤
V 对于顾客是否有价值					
R 是否具有稀缺性					
I 是否具备难以模仿性					
O 是否能够有效利用					

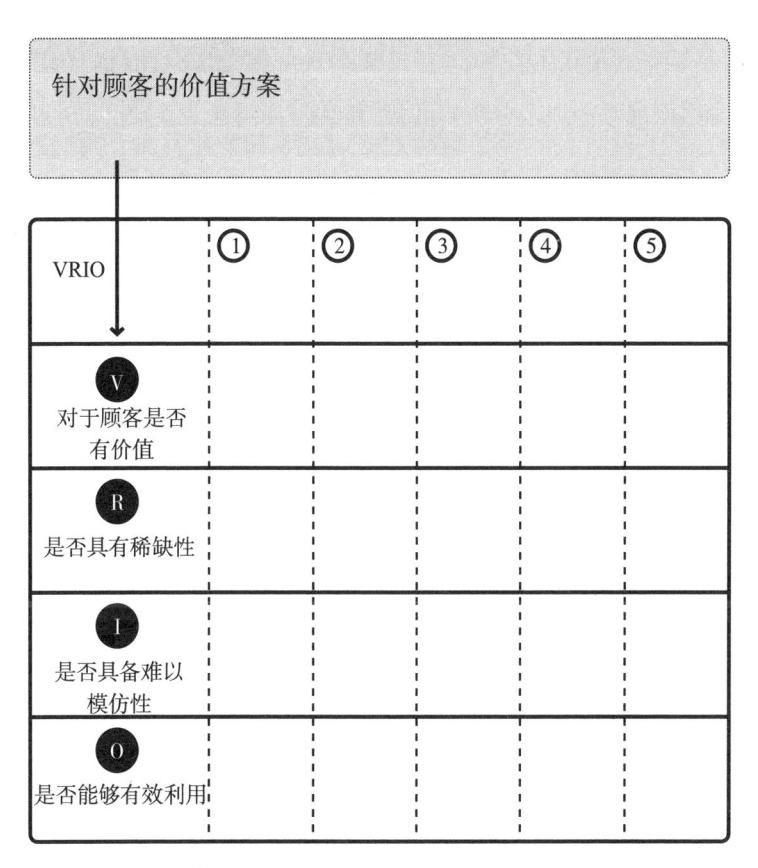

图 12-4　VRIO 分析

首先要盘点公司具备的资源。将资源排列在图12-4的横轴上,然后根据VRIO的标准分别判断各个资源。此时的价值判断基准为:是否对顾客的价值方案起作用。合格就在空白栏中填入"○",不合格就填入"×",无法判定就填入"△"。

V.R.I中填入"○",那么该资源就具备优势性;反过来只要有一项没有填入"○",就不具备优势性。让我们一边套用该规则一边来分析自己公司的优势。

VRIO分析本身可以给能够顺利实施顾客价值方案的商业活动提供一定的参考依据,那么让我们来实践一下吧。

超市的VRIO分析实例

某超市针对辛苦工作一天归来的工薪族的"回到自己家想为家人做好吃的料理"的待办任务,提出了解决方案,即用合适的价格提供优质的食材。这家超市迄今为止的目标一直是稳健经营,该解决方案获得了成功,超市的经营状况一直良好。

有时,经营方在盘点自身优质资源的时候,会列举出①无债务经营;②待客技能熟练;③选址优良的店铺;④独特的进货渠道;⑤POS结账系统等内容。

那么以上这些真的是优势吗？请大家立即对照着价值方案看一下实施了分析之后的图 12-5。

面向客户的价值方案：用优质的食材和合适的价格为工作后归家的顾客提供可以和家人一起共享的丰盛可口的餐桌料理

VRIO	① 无债务	② 待客技能熟练	③ 选址优良的店铺	④ 进货渠道	⑤ 顾客关系（会员）	⑥ 店铺面积狭小
V 对于顾客是否有价值	×	○	○	○	○	×
R 是否具备稀缺性	×	×	×	○	×	×
I 是否具备难以模仿性	×	×	×	×	×	×
O 是否能够有效利用	×	×	○	○	○	×

图 12-5　并非想象中的那么具备优势

第①项无债务经营无论在哪一个评价项目中都没有填入"○"。一般来说，在经营中不负债表明财力资源丰富，好像可以说是非常有优势，但是这不会为顾客带来特殊价值，也不是一种很罕见的现象，其他公司也不是不能模仿，并且无债务也不意味着组织可以有效发挥职能，因此，在这里并不能认为其为商务模式上的"优势"。

第②项待客技能熟练，即便给顾客带来了价值，在其他项目中也发挥不出作用。如果只是单纯地有礼貌或者善于介绍产品，也并不是稀缺性的资源。无论哪种零售业都会有"传说中的优秀店员"。

并且，如果某特定店员待客技能高超且非常出名，就存在该店员会被高薪挖走的可能性，其他公司并非难以模仿。**因此人力资源即便有顾客价值，但并非具备稀缺性和难以模仿性。**

第③项选址好的店铺对于顾客具有价值，也会有利于价值方案，但缺乏稀缺性，后来的公司也可以模仿。最近各地都在进行城市开发。只要价格谈拢，后来的公司也能够确保好的店铺选址。

接下来就是关于第④项进货渠道，能够和提供给我们优质的、价格合理的产品的少数从业者进行交易，这具有价值和稀缺性，也非常有利于价值方案。但是如果其他公司也通过该渠道签订了合约，就很难保住该渠道的交易了。独占性的合约不具备现实性，因此欠缺难以模仿性。

第⑤项顾客关系是指近几年引进的直接将结账行为数字化的所谓IT系统（POS系统）。从积累的顾客购买历史中得到应进货的产品种类等启示，通过信件广告等方式可以助力促销活动，但是其他公司也会引进该结账系统，因此这并不稀奇，也不具备难以模仿性。

最后第⑥项店铺面积狭小对于零售业来说是不利因素。在顾客的兴趣爱好如此广泛且不尽相同的当今社会，这也意味着备货的不便。

这样看来该超市并没有想象中那么有优势。即便是大型企业恐怕也难以找到直接作用于顾客价值的优势。正因如此，具备优势的公司才能开展真正优质的商业活动。

过去，丰田公司的看板方式（杜绝浪费，能够用合适的价格生产出优质汽车）以及索尼的小型化技术（首创生产出随身听，之后也制造出8毫米录像机）一直被认为是一种优势。但是近年来，连这些也不能无条件地被承认是优势了。

将弱势转变为优势

一般的市场挑战者企业几乎都不具备符合VRIO标准的经营资源。那么，如果你的公司在通过VRIO分析后得到的结果是"没有优势"该怎么办才好呢？答案只有一个，那就是通过努力，强化资源，直到VRIO中的全部评价都变为"○"。那么该怎样做才能将评价转变为"○"呢？

对于不具备品牌影响力的企业来说，告知其努力方法，即该如何努力才能够将"弱势"的经营资源转为"优势"，是非常有必要的。

从结论来说，让我们重新回溯一下顾客价值方案。我们要以最适合实施顾客价值方案的形式重新审视经营资源。

不要单纯地凭借"大小"或者"多少"去评价经营资源，而是试着根据与顾客价值方案之间的关系去评价现有的经营资源。

这样做就可以明确建立经营资源和顾客价值方案之间的关系，在V栏目中应该就可以画上"○"。

经营资源中画上"×"的地方，只要明确顾客价值方案，并且清晰地和顾客价值方案建立联系，就可以转变为"○"。如果可以实现，就可以设计出比现在更靠谱和可靠的商业活动。

让我们来思考一下刚才提到的超市的例子。

例如图12-5中第①项和第④项。无债务意味着手头具备充裕的资金，如果能够和进货商以现金结算的形式进行交易，进货价格或许可以得到一些优惠。此时，如果手头富裕的现金能够降低销售价格、缩短交货期，那么通过有意识地不断进行交易，就能够将顾客价值转变为"○"。

无债务经营并不具备稀缺性，想达到的话也并非不可能，所以不具备难以模仿性。但是，得到进货商的信赖，在交易中能够获得优惠，就可以压低产品价格。如果支持顾客价值方案的基础就在于产品或服务的价格优势，这种无债务经营或许也可以说具备稀缺性和难以模仿性。

另外，当公司拿出有新意的企划或者大量收购有趣的、新颖的产品的时候，必须获得供货厂商的支持，并且，公司自身也要做好随时接受挑战的能力。如果通过无债务经营能够和进货交易商构筑起良好的合作关系，即便是提出一些难以接受的条件和要求，供货商也能够给予支持，并且有意识地和顾客价值方案（给顾客提议有趣的、新颖的产品）结合起来，无债务经营应该能够转变为巨大的优势。

关于第②项待客技能熟练这一点，如果公司仅具有个别有特殊待客技能的店员，就不要指望这个人会具备资源稀缺性和难以模仿性。只有这一点体现为组织全体店员以相同熟练的水准来招待客人的能力结构和体系，才可以说是符合VRIO的资源。这就需要将待客技能和方法渗透到企业文化中去领会和掌握，也就是企业整体共同具备特定的个人所具有的出类拔萃的待客技能。

因此，将高绩效员工的行为模式项目化，致力于能够让全体员工都达到该水平的、被称为岗位胜任者素质特征的研究，在当下十分流行。如果这样做，也就能够维持符合VRIO的待客体系了。

关于第③项店铺选址，实际上是可以转换为优势的，但是必须在确定了特定的用户后才能够进行，也就是说好的选址哪里都有。让某些特定的用户能够彻底感到方便的选址应该不是很多。这和该商务模式是否进行了明确的顾客细分有关。

以该超市为例，如果客户对象是工作归来的工薪族，那最理想的选址就不是车站附近的大厦，而是办公场所附近或者和办公地点直接连接的地点。如果具备了"最适合特定顾客的选址"的条件，就会产生出稀缺性和难以模仿性。

需要反复说明的就是所有的判断基准，其假设前提都是和用户的相适合性。

关于第⑤项维持顾客关系这一点也是一样。可以说几乎所有的零售业都已经引进了POS机收款模式。这些都是以现有的顾客为对象实施的活动。要想创建进一步的顾客关系，就需要针对那些还不是顾客的人群去策划一系列的活动。

例如，对象客户是办公室工薪族，那么就和邻近的办公大楼合作，在其员工的工作证中添加会员卡的功能，利用该会员卡可以享受超市的打折优惠。该活动措施对于既有的办公大厦里的公司来说可能难以做到，但是如果得到了新设立的公司的信息的话，就可以在其建立初期进行合作，该项活动措施就不难推进了。

如果这项活动得以实施，那么就变得如同和大学合作经营的合作社一样了。如果会员卡不仅可以在超市使用，也可以在咖啡店等场所使用，那就可以开发更广阔的商业模式，甚至能够改变办公室工薪族的行为模式。

最后第⑥项店铺面积狭小这一点，或许对零售业来说是致命的弱点，实际上也可以通过和顾客价值相关联转变为优势。

这里的顾客细分就是办公一族，即整天忙忙碌碌，在工作间隙抽空购物，匆匆忙忙赶回家做晚饭的购物顾客。

因此，店铺面积小反而意味着购物简单快捷。与其在大型超市来回徘徊找寻要买的物品，倒不如将购物活动路线效率化，设计成可以快速购买到所需物品的环境，这样的小型店铺对于某类顾客（比如忙碌的商务人士）来说反而更加方便，其实就是类似于便利店。

但是此时就必须限定备货的种类。以应该解决的待办任务为基础，特殊限定目标顾客的生活方式，根据场合的不同，利用POS系统的数据跟踪顾客的购买历史数据来设计整个卖场的布局，这一点非常重要。

VRIO 分析是一种工具，可以借助它来思考如何化弱为强

VRIO 分析的目的并不是单纯的确认优势，而是作为一个工具，用于了解和把握所具备的资源状况，考虑如何将其转变为优势资源。**VRIO 分析往往会以"顾客价值 × 资源"的形式将弱势资源转变为优势资源。**

自我分析用于评价自我的价值，但是真正能够评价价值的并非自我而是自我以外的他人。评价个人的时候，评价者一般是朋友、上司、教师等。评价企业的则是顾客，也可以是特定的顾客。

这里如果能够明确进行顾客细分，并且提前设定好相应的解决方案，就能够将弱势转变为优势。

VRIO 中首先需要具备顾客价值方案。如果要对此进一步进行一整套的分析，借助于 VRIO 分析，就很有可能将弱势资源转化为优势资源。

九问⑨：谁——与谁合作

找出合作的必要条件

勾画出整个实际操作过程，进一步和资源相结合并决定自己公司应该承担的活动，之后再决定合作伙伴以及将一些其他的活动交给合作伙伴。在这里，要决定到底和谁合作，就要找出并提炼出当时需要合作的必要条件。

首先便是与谁合作？当然要选择比自己公司更能够胜任该活动的对象。在实现顾客价值的基础上，如果合作伙伴能够比自己公司更加有效地从事某项活动，最终顾客价值也会得到提高，将活动交给这样的合作者才有意义。

以下是合作者必须具备的条件：

- 规模合适；
- 拥有相同的价值方案；

下面，我们依次来说明这两项必要条件。

在与合作者保持良好关系的同时，为了实现整个实际操作过程，需要和规模合适的合作者共同协作。如果合作者规模过大，整个实际操作有时会被对方控制和支配。如果对方不是值得信赖的合作者，包括顾客价值方案以及收费方式、整个实际操作过程的所谓商业模式就有被攫取的危险。特别是和大型企业以及海外企业进行合作的时候更加需要谨慎。

另外，无论如何最重要的是和合作者能够共享顾客价值的方案。和合作者如何共享价值观并保持良好的关系，以及最终能否向社会提供价值，这并不是经济理论讨论的范畴，而是需要共同拥有相同的"理念"。

想为社会提供怎样的价值？还有，公司会如何赚取利润？双方对此达成一致，以共同的价值观为前提相互结合形成的活动链才是最坚固的。

归根结底，公司必须是该顾客价值方案的主角。或许在和合作者一起开展活动后，主体是谁会变得模糊，关键在于要明确公司在实现该价值方案中的主体地位，并引进赞同该价值方案的合作者，与其保持良好合作关系的同时一起运营整个实际操作过程。

13

正确的实际操作构建方法

实际操作与顾客的活动链同步

以上介绍了如何设计整个实际操作过程。下面结合顾客活动链将这些内容进行总结归纳。

首先关于"怎么做"的整个活动的设计,其前提是要和顾客活动链进行配合和同步。对应顾客活动链的流程来构建自己公司的活动链。

在此基础上决定各个活动链的要素是自己公司承办还是交由其他公司负责。

如是自己公司承办,需要拥有使活动顺利进行的资源(什么)做支持,因此,要对资源进行确认和盘点。不明确的时候可以借助 VRIO 进行分析和判断。

如是外部资源必须提前明确好由谁提供,并且要以规模是否合适、是否能够共享价值为标准来选择合作伙伴。

图 13-1 是将之前提及的超市案例中的活动链进行整理后，和公司的实际操作过程一一对应后形成的流程图。这样就可以看出在整个过程中顾客价值和实际操作过程并没有背离。

对应顾客的"意识到有无法解决的问题"这一点的是广告。意识到要解决问题的顾客处于关注解决方法阶段，公司决定将顾客设为特殊目标顾客，因此超市的活动就会有店铺的选址（以工作归来为目标选址）和店内布局（使忙碌的办公一族能够快捷便利地购物环境）等。

之后再在购入、使用、待办任务得以解决、再次光顾的各个顾客活动链中分别同步相应的实际操作过程。

但是，公司不必亲自承担所有的活动。公司虽然也能够承担广告和邮寄广告等业务，但是没有必要在此花费资源，还是委托给外部服务比较合适。

如果已经有了协助自己公司进行网站管理和商标设计等业务的合作公司，作为和顾客的接触点来吸引顾客的广告和邮件等业务也一并交由该公司统一管理会更加有效。

如上所述，通过将顾客和公司的活动同步化，实际操作的问题就会变得相当简单了。

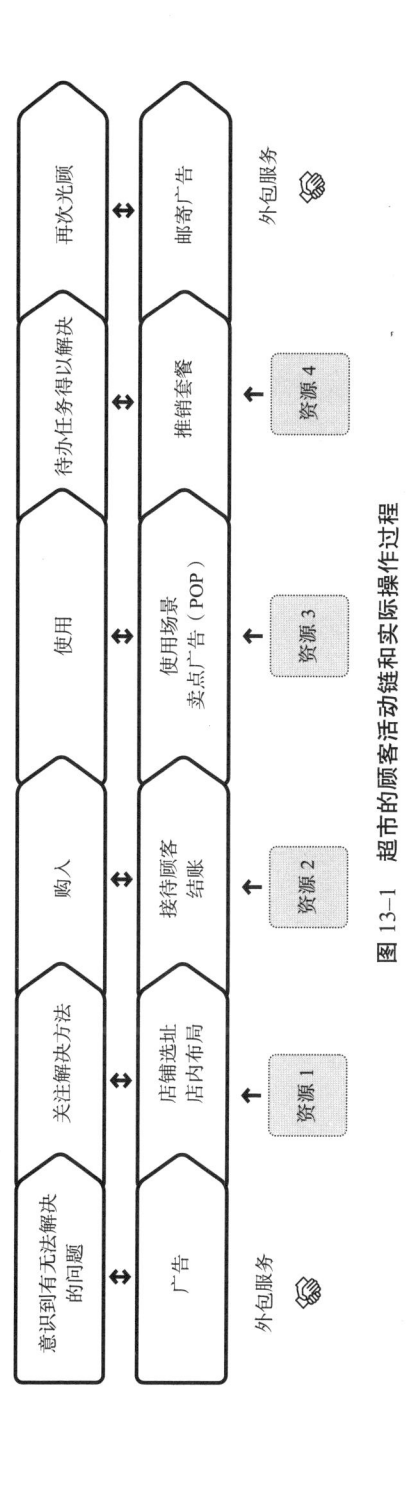

图 13-1 超市的顾客活动链和实际操作过程

实际操作与盈利方式同步

将实际操作的设计与利润也进行同步后,整个商业模式就会变得更加牢固和完善。**盈利点需要和公司实施的活动保持一致性**。如果只考虑实际操作过程,那么盈利点就会分散。这样,商业模式整体就会缺乏整合性,显得很凌乱。

因此,要**在相同的图上列出实际操作中会在什么地方盈利,然后一一确认这些活动是不是自己公司实施的活动**。如果某个活动是盈利点,但交由其他公司承担,从整个活动链来说虽然也属于产生价值的实际操作,但是自己公司无法获取任何利润。

请看图 13–2。

虽然该公司想采取时间差型混合盈利的盈利方法,但是关于维护和补充产品的一系列活动都交给其他公司来做,且这部分活动占比较高。这样一来,好不容易制造出来的盈利点,自己公司却赚不到什么钱,成了一个不赚钱的策划方案。

大部分日本企业都会利用分包体制(将一部分业务转给其他企业承包)来使自己的商业活动达到最佳状态,自己公司应该承担的业务和交由其他公司承担的业务之间划分得相当明确。

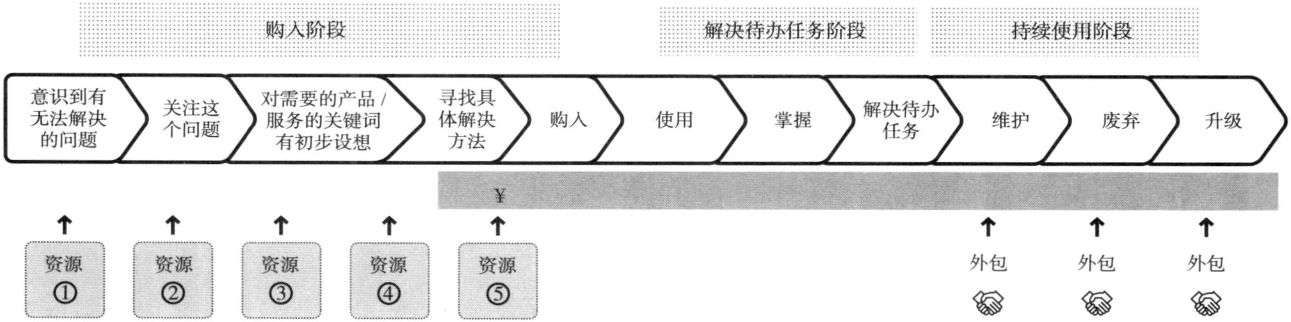

图 13-2 盈利方式和实际操作系统一

但是，由于公司很少正面直截了当地理解盈利机制，所以当设计出顾客价值方案和一系列活动后，很容易误认为这样整个商业模式就建立完成了。

其实应该对盈利方式进行合并统一，即明确哪个地方会盈利，哪个地方不盈利，才能够创建出更加完善合理的盈利机制。

这里只是列举了一个极端的例子，其他商务类型中也会经常看到类似欠缺整合性的商业模式。在设计实际操作的时候一定要非常注意。

小结：实际操作的构建要点

POINT 1 在价值链的大前提下不忘顾客价值方案；

POINT 2 整理归纳实现价值方案需要怎样的活动；

POINT 3 不要认为自己需要承担所有业务；

POINT 4 自己承担的活动需要有资源支持；

POINT 5 不满足 VRIO 条件，该项资源就不属于优势资源；

POINT 6 缺少的资源依靠合作伙伴来补充。

「儲ける仕組み」全体をデザインする

第六部分
设计整个盈利机制

14

整个盈利机制设计的原则

确认创建整个盈利机制步骤

为了创建出盈利机制,我们分别详细探讨了顾客价值、利润以及实现顾客价值和利润的实际操作三大构成要素的设计思路。

以上这些设计思路适于那些不具备品牌影响力的企业,是为了让这些企业不去和那些具备强大实力的企业正面交锋而考虑出来的。本书分别设计出关于"谁""什么""怎样做"的问题,然后通过回答这些问题凑齐了商业模式中所需要的构成要素。

最终填充完毕的九宫格就是九问的答案。这些答案成为一个个构成要素,使得商业模式得以建立。

最后,复盘之前讲过的内容,让我们在关注这三大构成要素之间衔接关系的同时,确认一下创建整个盈利机制的步骤。

首先，要做的就是决定顾客价值方案的内容。这并非简单地列举和宣传产品和服务的优点，而是包含着各种各样的决策，例如要在哪个价格区间实施该顾客价值？有什么样的替代方案？还有利用何种手段才能传达出该价值方案等。

其次，就是关系到企业是否能够存续下去的利润问题。需要设计和思考如何才能获取利润，谁是主要的支付者，从什么产品或服务中收取费用等。之后进一步决定时间轴，是同时盈利还是时间差盈利。在此基础上将利润和顾客价值结合起来，进一步展开各项活动。

接下来，就是构建实现顾客价值方案和利润的实际操作过程。最理想的是使之与顾客的价值方案相衔接，因此要依据顾客活动链来逐步构建出各种商业活动。在此阶段必须决定公司要以什么为优势发挥效用，或者使之发挥效用，还有就是与谁一起构建合作关系。

所有以上这些决策的总和就构成了新的商业模式。作为一种崭新的商业模式接下来启动一系列活动的时候，最正统的原则就是按照以上所说的方法和步骤逐步运行。

商业模式本身就会同时创造顾客价值和产生利润，因此提前设定好这两项内容不会有错，随后再在实际操作阶段来设计完成实现这两项内容的方法论。

九问框架中无法回答的项目就是突破点

必须要改革现有商业模式的人们，请你们按照九问来重新审视一下商业模式的现状。无论从哪个问题开始回答都可以。首先从可以回答的问题开始吧。

如果你找到了无法回答的构成要素，那里面就潜藏着变革的机会。

例如，在顾客价值中的"怎么做"的部分，如果价格设定方法和推销方法不明确的话，通过在该部分果断采取措施，就会大大提高顾客对自己产品和服务的认知度。

或者在实际操作中关于"谁"的部分，如果所有业务全都靠自己公司亲自来做的话，很多时候并不能顺利推进商业活动。特别是市场挑战者企业，其商业模式的关键点在于如何和外部的合作者携手解决问题。

经常重新审视部分和整体

即便明白公司在商业模式的构成要素中有不足之处，但是仅仅将其补充进去是不行的，必须考虑和其他构成要素之间协调统一关系。

为了形成和其他构成要素之间的协调关系，应首先提议顾客价值主张，之后设计利润，最后构筑整个实际操作过程，按照这样基本的步骤来进行是非常重要的。**如果其中任何一个构成要素发生了改变，就需要重新审视所有的构成要素。**

一方面，如果在以上过程中偷懒，在某些情况下就会产生某个构成要素是强加进来的感觉，也会和其他构成要素格格不入。也就是说部分达到了最佳状态，但是整体缺乏协调性。

另一方面，如果很清楚地知道哪些构成要素不足，必须要进行补充，但是补充进去的内容不合适的时候，可以先把不足的要素放在一边，从顾客价值方案开始重新审视每个部分，之后再进行补充。有时这样做反而可以诞生出新的商业模式。

15

创建商业模式的铁的法则

将规模小、缺乏资源作为优势

本书所讲述的创建商业模式的方法，是先分别设计完成各个部分，最后将所有完成的部分汇总整理成一个完整的商业模式。以顾客活动链为轴心来思考设计各个部分的活动，从顾客价值方案入手到最终形成一个清晰的商业模式体系。

如果顾客价值方案清晰明确的话，其他的构成要素就会据此分别形成。

迄今为止，那些学习了商业模式和业务体系的创建知识、但公司事业依旧进展不顺利的人们，恐怕是仅仅将那些决策项目列成待办表单，一项一项分别填进去内容而已吧。

要知道所有决策项目中最根本的就是顾客价值方案。思考并提出顾客价值方案需要花费相当多的时间。并且要从顾客价值方案中思考盈利的方法，将这两者联系起来进行思考的话，不仅会提高盈利率，顾客价值方案本身也会变得更加明晰。

大企业面临的问题是企业是否具备长远眼光。这是由于大企业往往拥有大规模的生产体系和资产等，商业活动需要做长远的打算。

而缺乏资源的市场挑战者企业，可以说是在实践"一无所有的经营"。正是由于没有资源储备，因此可以通过灵活机动、发展速度快、障碍少的状态从事各项商业活动。因此也可以说，这些市场挑战者企业在彻底贯彻执行顾客价值方案方面占据了有利位置。

将规模小、经营资源薄弱看作优势，彻底站在顾客的立场提出价值方案、创建利润、构筑实际操作过程，这可以说是市场挑战者企业在商业活动中取胜的秘诀。

下面就介绍这些企业在创建商业模式时必须遵守的法则：

- 从顾客价值方案入手；
- 不需要售空模式；
- 自己公司不承担所有业务。

下面依次介绍这三条法则。

从顾客价值方案入手

没有顾客价值的设计就无法思考商业模式。因此，首先要考虑顾客价值中的"谁"和"什么"，也就是说要**考虑"通过我公司的什么产品或服务给谁带来幸福"**。这一点明确之后就可以**找出"我公司从谁那里通过什么来盈利"的答**案，也就是利润中的"谁"和"什么"。

此时，顾客价值中的"谁－什么"和利润中的"谁－什么"的关系就成了关键。如果两者相同的话，产品和服务必须相当强大，有优势，否则无法参与市场竞争。

因此，让利润中的"谁－什么"和顾客价值中的"谁－什么"存在差异是最有效的方法。最终虽然只有主要的顾客使用产品或服务，但公司依旧能维持稳定的盈利率是最理想的状态。

杜绝产品售空模式，扩大服务范围

社交游戏、剃须刀、打印机、汽车经销商、智能手机，所有这些产品的一个共同点就是在顾客开始使用后才会产生收费点。这些产品商业模式几乎都是**在顾客购买后才会产生巨大的利润**。

顾客购买之后，公司在使用和操作上进行说明或者升级,以及在维护和保养方面收取顾客的费用。大型企业一般会通过产品竞争制胜,也就是说追求产品质量上乘,最终以产品售空的模式来盈利。

但是市场挑战者企业无论在研究开发经费还是市场营销经费方面都处于绝对薄弱的不利位置,因此,如果既想要产生产品流通量,又想靠自身取得发展的话,最有效的方法就是扩大服务部分业务。

产品并非仅代表产品本身,它代表着购入前后产生出来的顾客未解决的待办任务。无论是服务业、制造业还是零售业,以该视角去看待产品的话,就可以形成产品差异化,进一步产生收费的可能性。对于市场挑战者企业来说,应当注重这一点去开展相应的商业活动。

例如,我们前面提到的制造厂家——LG电子企业,为了让顾客全家其乐融融坐在一起观赏3D影像,推出了只要将电视联网就可以自动接收LG公司发送的3D影像的服务,扩大了其服务范围。

或者在服务业中,重要的是将视线转移到核心服务之外的附属服务上。例如,对取得开业资格的私人医生来说,与其要求其核心服务是高超的医疗技术,倒不如加强医生和护士态度温和以及舒适的候诊室环境等附属服务。

自己不要承担所有业务

市场挑战者企业不要自己承担所有业务。与其冒风险承担所有业务或者花时间去筹集资金，倒不如找寻能够胜任该业务的外部机构，与其合作比较好。关于这一点已经反复强调过，实际上，除此之外自己不承担所有业务是有意义的。

这意义便是有可能诞生新的商机。虽然不能说"三个臭皮匠赛过诸葛亮"，但是即便是当初设定好的商业模式，当多数合作者加入后，各种想法和知识交汇，就会碰撞出新的火花，有时会转变成为更优质的、甚至与此前不同的商业模式。

要勇于创建开放式的商业模式。这对于市场挑战者企业来说至关重要。

16

保证顾客价值、利润、实际操作的前后连贯性

顾客的活动链是基础

所有商业模式创建的基础都是顾客价值方案。这样的话就需要调查清楚顾客的实际情况。

对于新的收费结构，自己公司的优势和弱势等都需要使其与顾客价值同步。一般来说这也是一个难点，往往各个构成要素集合起来达到了部分最佳状态，但是从整体上来看却七零八落，缺乏协调性。也就是说即便是对每一项提问都回答得很完美，却失去了"统一性"。

在每个构成要素内部会存在"谁－什么－怎么做"的衔接，因此尚能保持统一性，但是构成要素之间却很难保持一定的衔接。

因此，重要的方法是以顾客活动链为基础将利润和实际操作统一起来。如果能够这样做，最终九问九宫格的构成要素就能够完美衔接，从顾客价值入手就应该能够创建出清晰

明确的商业模式。

图16-1便是借助于顾客活动链来试着思考顾客价值、利润以及实际操作之间的衔接关系的模板。在第二部分中介绍过"销售新型饮料"的案例，这张图中描绘了其活动链的全貌。也就是说，该公司在"不需要搬运饮料而是更换饮料水桶"的价值方案基础上，并非通过饮水机，而是通过补充饮料水本身来获利，即通过剃须刀的刀片模式来盈利；此外，通过和配送公司等的竞争来构筑整个实际操作过程。

这个模板的正确解读方法为：首先写出顾客需要解决的待办任务，之后填入解决方案，接着以此确立顾客活动链。

此时，根据顾客的待办任务，要明确哪一点作为优先事项需要特别注意。在优先事项中应该对顾客传达的点上标上宣传喇叭符号。

在此基础上通过哪个活动盈利，以支付者的视角标出¥符号，最后确定自己公司应该承担的特殊业务。确定好这些项目后，进一步确定是否有相应的资源能够顺利开展该活动。如果需要委托外部合作者，在那里标注握手符号。

通过这样绘制出的活动链，各项活动就一目了然了。

在浏览了包含最重要的顾客待办事项、优先事项、解决方案的活动链后，宣传要点、利润设计、哪个活动由公司自

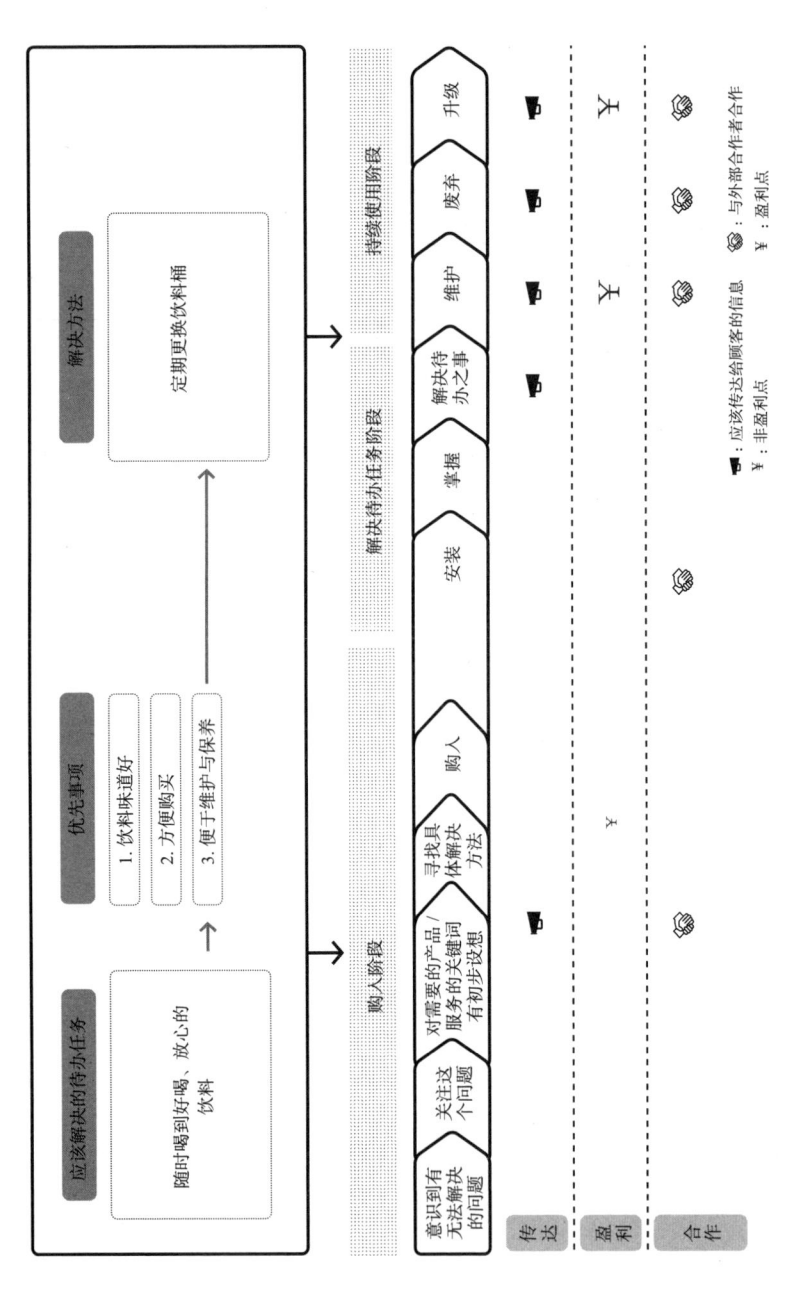

图 16—1 销售新型饮料的活动链

己承担、哪个活动委托合作者等项目便会变得一清二楚。

但更重要的是整合性问题。

第一就是价值方案和活动链中的宣传要点的一致性问题。这在保持顾客价值方案的一致性上非常重要。

第二就是**盈利点和自己公司应该承担的活动同宣传要点的一致性的问题**。关于这一点，我们接下来将进行具体分析。

通过宣传要点获取利润

例如，关于新型饮料，向顾客宣传更换水桶等业务也由本公司承担。因此公司就可以靠饮料水来获利。

另外，盈利要点要和公司自己从事的活动保持连贯性。例如，如果将盈利点交由其他公司全面承担，在成本方面便无法让步。或者如果将宣传要点全面外包，交由其他公司承担，就会在服务质量方面产生问题。例如在宣传饮料的更换时，如果将该业务外包，就放弃了和顾客之间重要的接触点。

这也意味着应该成为该公司优势的活动并没有被重视和培养。

对于既是宣传要点也是盈利点的活动，最理想的就是完全由公司自己全权承担。

但是在商业启动阶段，有时会产生不具备某些资源的情况，因此至少要让外包者理解要达到的服务水准，即这不是单纯的配送饮料，而是重要的和顾客的接触点。另外，在配送时可以听到重要顾客的诉求，因此要建立可以聆听顾客声音和接受诉求的体系，不要眼睁睁地错过今后获得发展的机会。

如上所述，在特别指定顾客价值方案（待办任务、优先事项和解决对策）之后，从中便可以导出活动链，以此为基础对各种各样的决策做出适当的调整。

商业模式的创建没有终点

看上去按照九问构建出完美的九宫格代表着商业模式建成了，但是在现实中，商业模式并没有完结。当你认为商业模式已建成并感到自满时，公司发展就会停滞并且开始落后。

商业模式往往是通过和顾客的对话向前逐步发展的。为此，在理论上完成后请一定立即在现实中实践该商业模式。请在实际的业务中验证商业模式是否经得起考验。

当然，仅仅依靠理论创建出来的商业模式是不完美的。不过是"这样做商业活动应该就会顺利进行"的一种假说而已。但是假说也会成为行动指南。为了去验证假说就要去现实中实践。

为了证实一种假说，需要老老实实地将应该改变的点进一步改革。但是请注意，哪怕只有一部分进行了改动，也会造成整体的不统一。也就是说哪怕仅仅改动了一个部分，也需要重新审视整个商业模式。

在重新审视的时候希望大家使用图16–2。这个图包含了之前介绍的数个模板。在此再次说明一下重新审视整个商业模式的顺序。

首先，还是从九宫格的顾客价值中的"谁"和"什么"开始。将顾客的"应该解决的待办任务"特定化后，明确事先想好的优先事项，再从中导出包含替代方案的解决对策（见箭头❶），以此为基础，描绘出顾客活动链（见箭头❷）。

在顾客活动链中，要搞清楚解决方案特别在哪些部分具备优势，将其与优先事项以同步结合的形式进行宣传，这样一来顾客价值中的"怎么做"部分就能够顺利开展。只要明确要向顾客传达哪个部分即可（见箭头❸）。

之后从顾客价值方案中明确该怎样来盈利。在决定不盈利的对象和产品（也就是利润中的"谁"和"什么"）的时

这才是生意人的赚钱思维

	谁	什么	怎么做
顾客价值	有什么样的待办任务的"人"	解决顾客的待办任务的"产品/服务"是什么	"如何"体现它与代替产品的比较优势 ❸
利润	从"谁"那里得到利润	依靠"什么"产生利润？	"什么时候"产生利润 ❺
实际操作	与"谁"合作	我们的优势是"什么"	"如何"操作（具体操作流程） ❻ ❼

❶ ❽

顾客的待办任务　　　优先事项
　　　　　　　　　　1.
　　　　　　　　　　2.
　　　　　　　　→　3.
　　　　　　　　　　4.
　　　　　　　　　　5.

❷

购买阶段

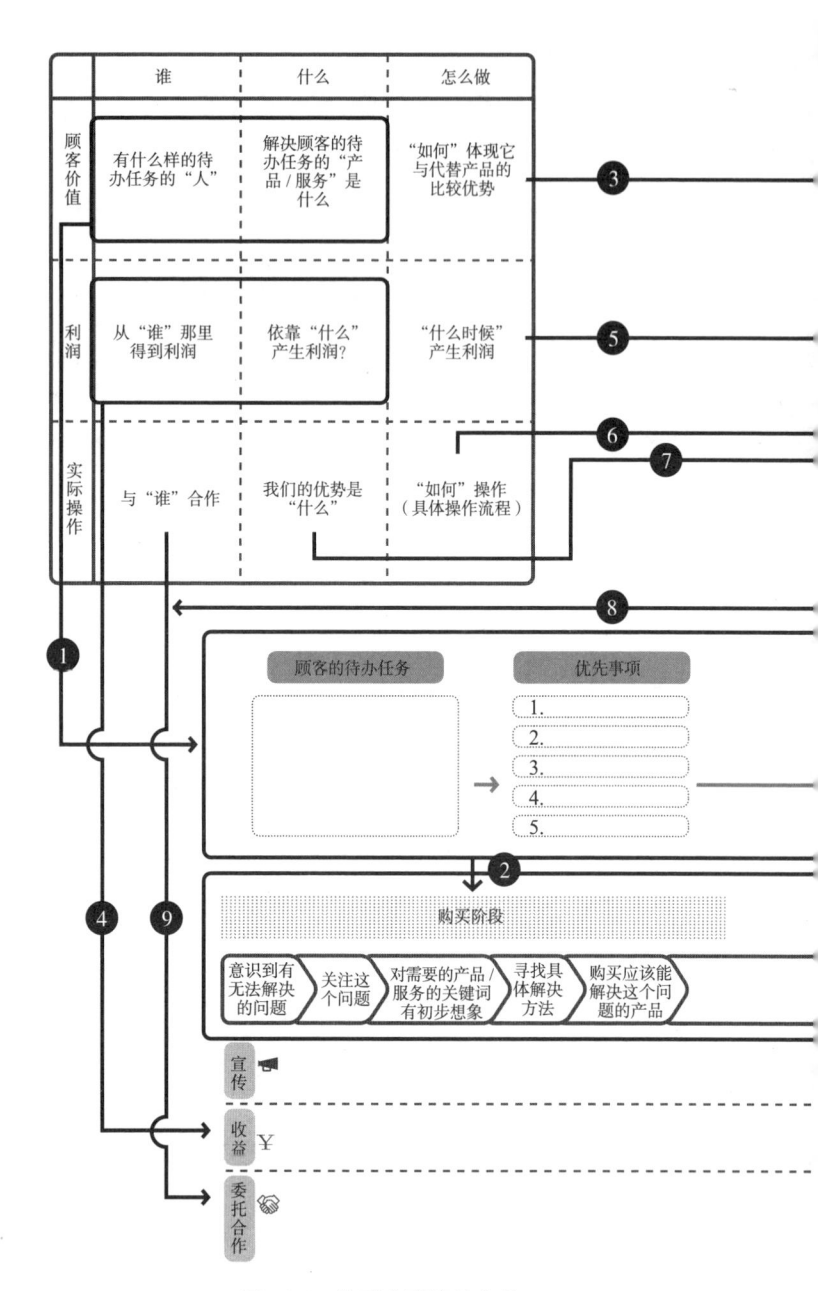

| 意识到有无法解决的问题 | 关注这个问题 | 对需要的产品/服务的关键词有初步想象 | 寻找具体解决方法 | 购买应该能解决这个问题的产品 |

❹ ❾

宣传 📢

收益 ¥

委托合作 🤝

图 16–2　构建九宫格的全貌

190

	1	2	3	4
V				
R				
I				
O				

解决方案

❷

解决待办任务阶段　　持续使用阶段

使用购买的产品 → 熟练使用购买的产品 → 解决待办之事 → 维修 → 废弃 → 升级

设计整个盈利机制

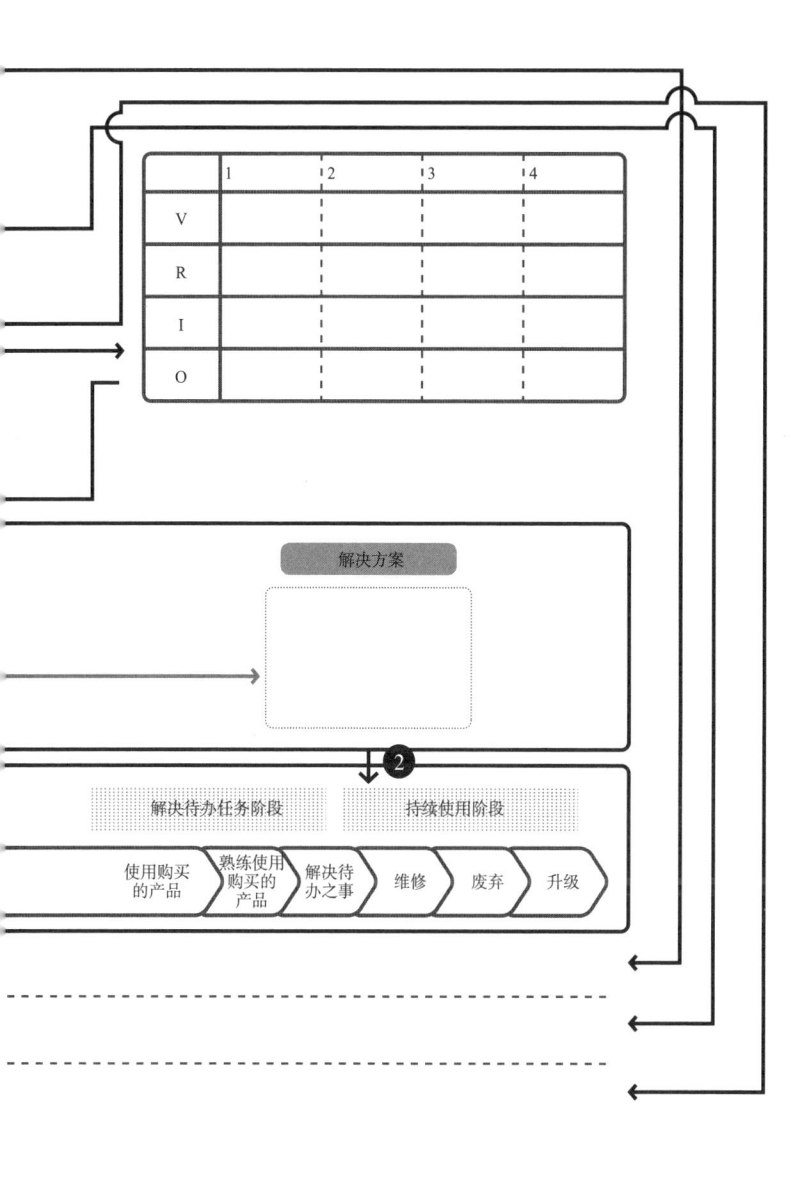

候，分别用小￥和大￥来标注"盈利"一栏（见箭头❹）。当移动时间轴的时候，在购入产品或服务之后的商业活动中标注小￥，从而决定出利润中的"怎么做"。（见箭头❺）。

最后，关于实际操作，重要的是将表示整体中的"怎么做"和顾客活动链进行同步（见箭头❻）。通过VRIO分析判断出能够发挥作用的自身优势（见箭头❼❽）。在活动链中的"外包"中注明需要其他公司补充的活动（见箭头❾）。

当你对创建出来的商业模式感到迷茫时，请一边看着这张图，一边确认自己现在处于什么阶段，以及存在什么问题。

ケース・スタディ

第七部分
企业案例分析

17

通过创新让商业模式起死回生

商业模式说到底还是要依靠顾客价值方案来说明一切。落后于时代的顾客价值方案,销售量显著减少,无法继续进行商业活动。

但是已经不再流行的顾客价值方案,有时也可以通过重新组合利润和实际操作过程,使商业模式死而复生,以一种崭新的姿态取得成功。

下面来看一个值得参考的案例。

以百科全书方式来盈利的迪亚哥公司

"以高价格提供相应的精密组合型模型"。该如何开展并实施这样的价值方案呢?

玩具店中会销售价值10万日元左右的昂贵模型吗?这是人们按照比较守旧的想法提出的疑问。为了要销售这样昂贵的模型玩具,不仅需要大量资金,还必须准备一定的库存量。如果玩具店只是埋头销售一些其他类型的模型，而这些模型又没有相当的品牌影响力，产品也不会受欢迎、畅销。

那么，可以用其他的商业模式开展该顾客价值方案吗？意大利的迪亚哥（deagostini）公司就以百科全书的方式完美实现了该价值方案。

该公司将模型产品分成数十次销售，每周在书店发行销售相应的含有该模型部件的周刊杂志。

顾客中想入手模型的人，但不一定是核心发烧友。对于那些怀有"很想去挑战组合模型，但是或许中途会放弃"这种不安情绪、从而怎么也不会去挑战模型制作的人来说，以周刊的形式分批销售模型部件的方式是最受欢迎的。

图 17-1 将这样的顾客价值用非常简单明了的方式传达了出来（箭头❷）。具体来说，就是用极其便宜的价格销售创刊号，首先让顾客体验到模型制作的世界观。在顾客开始着手制作模型后如果判断不适合自己而放弃也没关系。如果销售的是整套模型套装的话，中途放弃也必须全额支付，而在该商业模式中，中途即便放弃只需支付已经购买部分的费用就可以了。**这也是一种产品的价值保证吧**。

如果模型的某个零部件丢失，那也只需要买一期杂志就可以解决，对于顾客来说非常方便，这也相当于分期购买该模型。这一点对于顾客来说具备很高的便利性。

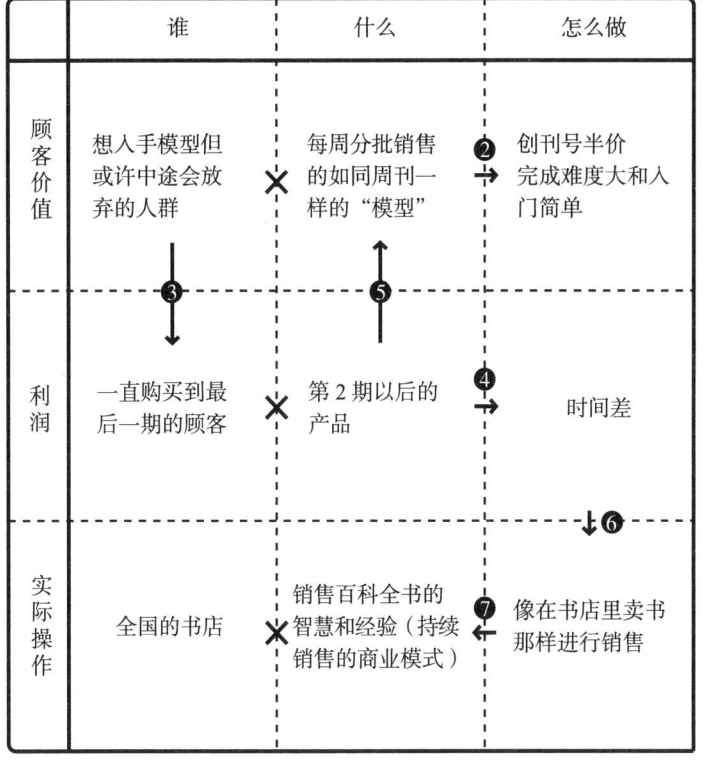

	谁	什么	怎么做
顾客价值	想入手模型但或许中途会放弃的人群 ✗	每周分批销售的如同周刊一样的"模型"	❷→ 创刊号半价 完成难度大和入门简单
利润	一直购买到最后一期的顾客 ✗	第2期以后的产品	❹→ 时间差
实际操作	全国的书店	销售百科全书的智慧和经验（持续销售的商业模式）✗	❼← 像在书店里卖书那样进行销售

图17-1 迪亚哥的九宫格

创刊号（vol.1）会以低于半价的价格出售，降低了顾客的购买门槛。顾客一旦迷上模型制作并接受该理念，之后就会持续购买配有模型的杂志，从而给公司带来利润。

这样的顾客价值方案通过和利润的产生方式进行巧妙混合，进一步升级为更加强劲可靠的商业模式（箭头❸）。也就是说，盈利顾客并非购买创刊号的大多数顾客，而是一直持续购买到最后一期杂志的顾客。这是一种敢于做出亏损的思想准备来设定便宜的创刊号价格,在一定时间之后回收利润的盈利逻辑思维(箭头❹)。

不是从所有的顾客和产品那里获取利润(箭头❺),这并非那种将单品售罄来盈利的经营方式。

为了实现该种顾客价值和利润,在设计九宫格时最重要的一点就是,不要在玩具店出售产品杂志,而要在书店进行销售(箭头❻)。

以星期为单位分批销售产品的时候,不选择玩具店而选择书店会更加合理。因为在购买周刊这件事上,人们每周去书店购买会更加自然。如果是玩具店的话恐怕人们就不会每周去购买了。

模型制造厂家之所以没有产生此种销售想法,是因为迪亚哥公司在分析了自己公司的优势之后,绞尽脑汁希望能够更加巧妙地应用其曾经销售百科全书的智慧和经验。

以上所做的一切从企业立场来看会如何呢?大概会认为好处全在顾客那里吧。

从企业立场来看的话,因为一直以来销售百科全书,所以后续提供登载有新变化的模型的周刊杂志时,会使用书店作为开展新书宣传活动的场所。这就意味着该周刊杂志的销售活动对于全国的合作书店来说也是有好处的。

并且这样做对企业来说会有更大的好处。如果是模型等产品的话,一般来说创刊号最畅销,之后第 2 期就不会再有创刊号那样的销售佳绩了。在杂志发行过程中如果没有什么新颖别致的设计和创意,基本上购买第 2 期的顾客应该比购买创刊号的人数要少。这样一来,在杂志发行过程中可以按照一直购买到最后一期顾客的人数来调整产品数量。即便不制造出来购买创刊号的人数那么多的模型零部件也可以。

就这样在杂志发行过程中一边观察需求的变化,一边按照持续购买下去的顾客人数来调整生产,可以不必负担过多的库存。如果发现策划方案不受欢迎,也可以终止并撤销。

通过以上介绍,我们可以明白该商业模式和那种以数十万日元来出售装着全部部件的整套模型的商业模式的不同之处。

我们想要创建的是前一种商业模式。

从产品转向服务收费 PTP 株式会社 SPIDER

最近,大多数家庭中都普及了可以录制电视节目等内容的硬盘录制器,各个大型电器制造企业纷纷将类似的产品投入市场。例如松下、东芝、索尼等企业不断开发出功能多且出色的产品,约以半年为周期进行型号的更新。于是该产品功能不断提高，卖点为可以同时录制多个频道的电视节目。

一般来说该产品的顾客价值方案应该是"用××日元解决日常忙碌的顾客想在自己喜欢的任意时间段观看喜欢的电视节目的待办任务"。

也就是说，只要购买了硬盘录制器，顾客就可以改变自身的生活状态。这也是从录像机时代就存在的"时间平移"的概念。

随着时代的发展，现在同时可以录制多个频道的电视节目成为可能，顾客可以将同时播放的电视节目录制下来毫无遗漏地进行观看。

最近，该产品功能又有了巨大的飞跃，可以不需要提前预约便自动录制一周的所有电视频道的所有电视节目，并且在电视上显示节目单，可以从中随意挑选自己喜欢的节目观看。

例如东芝的CELL REGZA电视就具备该种功能，发售之时售价高达100万日元。这表明大型领先企业如果具备自己独有的技术能力，就可以销售承载这样卓越功能的产品。

该产品虽然一时之间备受瞩目，但是由于价格昂贵，不易引进，即便具备高画质的功能，也未必会形成热销的局面。

但是，可以轻松录制一周时间的所有频道的电视节目并可自由选择观看的理念本身在电视节目的点播化含义上具有非常深远的意义。

PTP株式会社的SPIDER也利用与此相同的价值方案，创建出了独特的商业模式，包括新的利润设计以及伴随利润产生的实际操作，与其说是销售"产品"，不如说是销售"服务"。

请看图17-2。简单来说，SPIDER是一种录制一定时段的所有电视节目的机器。通过该机器用户可以在任意时间收

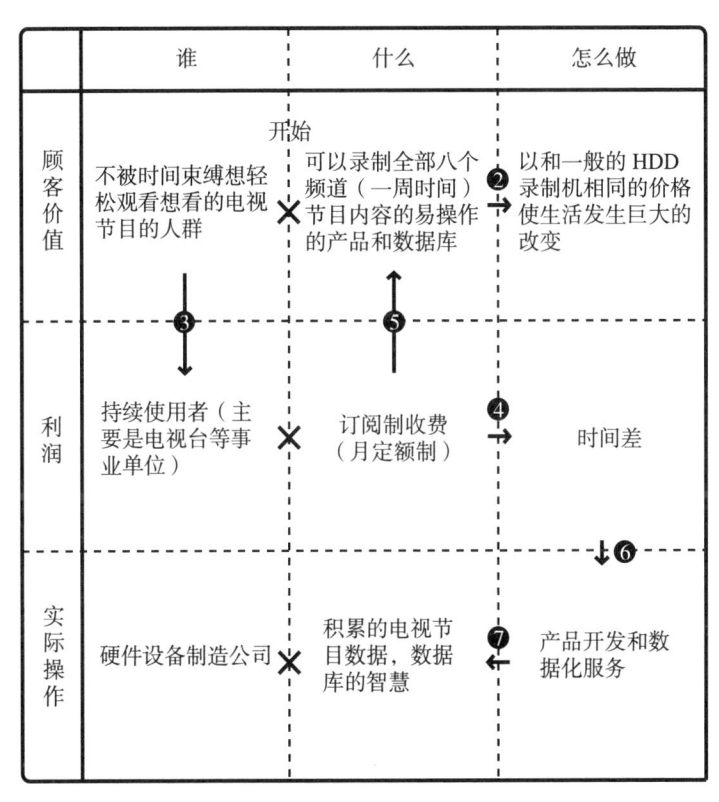

	谁	什么	怎么做
顾客价值	不被时间束缚想轻松观看想看的电视节目的人群 ✗	开始 可以录制全部八个频道（一周时间）节目内容的易操作的产品和数据库	❷→ 以和一般的HDD录制机相同的价格使生活发生巨大的改变
	❸↓	❺↑	
利润	持续使用者（主要是电视台等事业单位）✗	订阅制收费（月定额制）	❹→ 时间差
			↓❻
实际操作	硬件设备制造公司 ✗	积累的电视节目数据，数据库的智慧	❼← 产品开发和数据化服务

图17-2 SPIDER的九宫格

看自己喜欢的节目。到这里为止，该产品的设计和其他大型企业都相同。（箭头❷）。但在利润设计这一块却完全不同。

硬盘录制器依靠售光机器后获取利润，也就是说在制造成本之上加上利润进行销售，以此盈利。

但是SPIDER却不同。到销售机器阶段为止，它与其他产品是一样的。但是SPIDER以会费的形式从顾客那里持续收取费用（箭头❸）。

那么到底依靠什么来收取费用呢？

那就是数据库。SPIDER将节目信息数字化。当顾客喜爱的艺人出场的时候，可以快速跳到那个场景。如果电视广告中出现该艺人的话，也可以截取那个部分。

这样一来，将过去的电视节目做成数据库，就可以从中任意抽取出自己需要的部分，也可以进行检索，这样就创建出了更加有趣的电视生活。为此，与其说SPIDER是一种产品，倒不如说它是一种服务。顾客要想持续利用该服务就需要持续不断地交纳会费（箭头❹）。

那么，这种以独特的利润设计为基础的顾客价值方案，作为新的商业模式被运用后，需要编制出怎样的实际操作过程呢？

首先，为达到通过电视节目数据库来收取费用的目的，重要的不是销售机器设备本身，而是销售之后的一系列流程（见箭头❻）。

SPIDER 是在顾客购入产品之后才与之产生关联的公司。购入产品后才产生盈利的来源。为此，最重要的是如何建造数据库以及如何搭配顾客需要支付的费用（见箭头❼）。

实际上，该数据库并不是自动形成的，需要人工输入播放过的电视节目，这样才能形成数据库。并且公司自身可以保留存储该数据。也就是说，持续将该数据库做下去对公司来说是一个巨大的优势。但是人工输入的业务对于在职人员数量少的市场挑战者企业来说非常困难，因此要委托其他专业公司来做。

PTP 株式会社将这些庞大的数据集中起来，甚至网罗了全日本地方电视台的数据，构建出了可以检索一切的数据库。

其顾客价值方案初看和其他公司没有什么区别，但是通过改变利润逻辑乃至实际操作过程，最终能够为顾客提供改变世界媒体的服务。

这些顾客价值方案看上去相同，但是将其数据化后，就进一步扩大了使用范围。

具体来说，积累了庞大的数据后，就可以轻易得知媒体在何时以什么方式报道了什么内容。电视台等单位也需要该数据，SPIDER 实际上也开发出了专业级别的数据库产品以供电视台使用。

SPIDER 如果普及到一般消费者范围，会使电视的存在形式以及顾客对电视缴费的想法或者推出节目的电视台和制作公司的面貌发生巨大改变。作为业务主体，通过改变利润的获取方式，便能够创建出有趣的商业模式。

"社交游戏"盈利方式的变革

近几年，社交游戏产业取得了傲人发展和惊人的利润率。该业界有著名的两大势力——GREE 和 DeNA。销售总额经常性净利润率达 50% 以上，远远超过任天堂最风光时的约 20% 的净利润率。

原本 DeNA 也是从有限公司（注册资金 300 万日元以下）开始发展的，GREE 也是从现任社长田中良和氏创办的个人主页发展起来的。

人们通常会认为，它们发展至今的背景中会存在相当与众不同的顾客价值方案。但是这两家现在发展成为大型企业的公司的商业模式中的顾客价值方案，实际上和以前那些既有企业的顾客价值方案没什么两样，也可以说和一般的游戏公司几乎完全相同。

那么差异到底在哪里呢？秘密就隐藏在盈利方式中。请看图17–3。

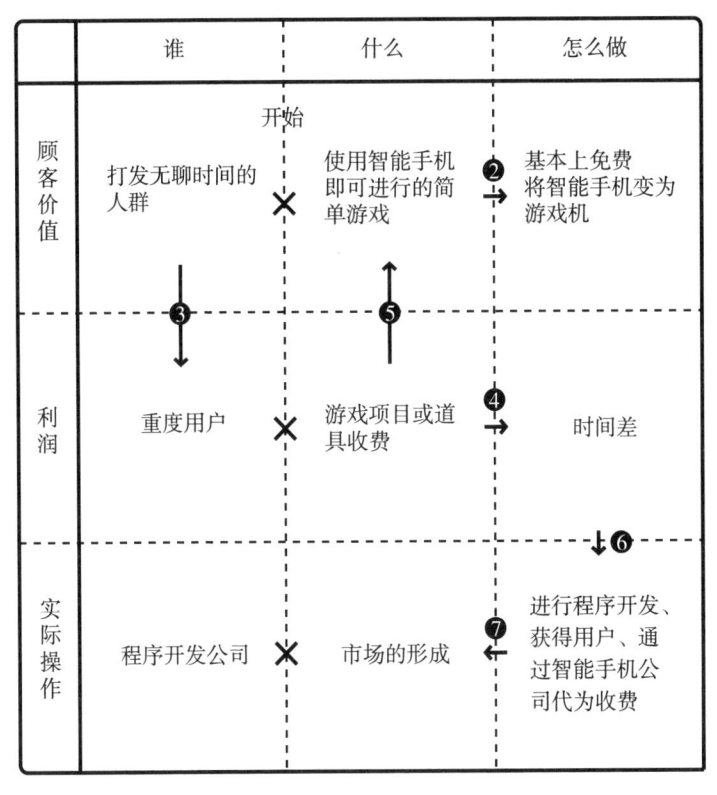

	谁	什么	怎么做
顾客价值	打发无聊时间的人群 ✕	开始 使用智能手机即可进行的简单游戏 ❷→	基本上免费将智能手机变为游戏机
利润	❸↓ 重度用户 ✕	❺↑ 游戏项目或道具收费 ❹→	时间差
实际操作	程序开发公司 ✕	市场的形成 ❼←	↓❻ 进行程序开发、获得用户、通过智能手机公司代为收费

图17–3 "社交游戏"的九宫格

这两家公司决定挑战的是向总感到日常生活中缺点什么的人群提供便利的"谁都能享受并乐在其中的游戏"。到这个阶段，它们的商业策划与任天堂、索尼以及其他游戏硬件软件制造商依旧没有什么大的区别。

205

但是，在原则上，免费提供游戏这一点上存在着巨大的顾客价值方案的差异（箭头❷）。

该产品和服务的盈利方式和任天堂公司那样依靠软件来创造利润的方式不同，在游戏的不断进阶中，玩家为了通关需要购买道具，而公司依靠此方式来收取费用。也就是说虽然一开始是免费的，但是会对不知不觉沉迷在游戏中的玩家进行额外收费。这也就是所谓的免费增值商业模式（箭头❸）。

一般来说，据说交纳费用的顾客只占到5%，但就是这5%的顾客支撑着剩余的95%的免费用户。不间断地通过"游戏道具"和"时间差"向"重度用户"收取费用（箭头❹）。

用商业模式来解释的话，它们的优势在于该利润设计的特殊性。但是如果为了能够大规模地免费提供游戏而花费成本（变动成本）的话就不合算了。为此，它们基本上不会利用盒式磁带或者DVD等媒介来发放软件，而是采取将数据放在服务器的方式。

这样一来，即便增加一位用户，也不会花费多余的变动成本。几乎所有成本都是固定的，因此即便用户加购了游戏道具，也不会花费多余的成本。加购的部分全部成了利润。

所以，游戏用户增加必然带来收费数额的增加，利润也会上涨。在并非从所有的游戏玩家那里盈利方面，利润和价值方案出现了不匹配的情况，最终形成了与众不同且有趣的商业模式（箭头❺）。

一般来说，一家公司想要提供游戏软件的话，必须具备工厂和销售网络，但大部分公司不是这样的。这是由于有了重要的外部合作者，例如新兴的小程序开发公司以及自由职业的编程员，还有代办费用回收的通信事业主体（箭头❻）。

它们在和以上公司的共同经营中构建出了独特的体制（箭头❼）。

所有的一切都是从顾客价值方案开始的，这是铁一般的定律。但是该顾客价值方案没有必要标新立异。如果立足点是解决社会不足，之后提出大家都容易接受的方案就可以。

可以说，顾客价值和利润的融合引起了新的化学反应，从而诞生了一种崭新的商业模式。也可以说是将"游戏的任天堂"和"剃须刀的吉列刀片"模式相乘诞生出了这样的社交游戏产业。重要的是为了顺利实现该商业模式的实际操作要一目了然。

MOUKERU SHIKUMI WO TSUKURU FRAMEWORK NO KYOUKASHO

by Masanao KAWAKAMI

Copyright © 2013 Masanao KAWAKAMI

Original Japanese edition published by KANKI PUBLISHING INC.

All rights reserved

Chinese (in Simplified character only) translation rights arranged with

KANKI PUBLISHING INC.through Bardon-Chinese Media Agency,Taipei.

Chinese (in Simplified character only) translation copyright © 2023 by China Renmin University Press Co., Ltd

本书中文简体字版由KANKI PUBLISHING INC.通过博达授权中国人民大学出版社在全球范围内独家出版发行。未经出版者书面许可，不得以任何方式抄袭、复制或节录本书中的任何部分。

版权所有，侵权必究。